U0772547

# 教育的目的

[英] 阿尔弗雷德·诺思·怀特海
著

陈伟功
译

CCTP 中央编译出版社
Central Compilation & Translation Press

本套《怀特海全集》的出版
得到了北师香港浸会大学高等研究院的
经费支持

# “七张面孔的思想家”怀特海：时代坐标下的智慧之光

杨富斌

身处21世纪，我们不禁要问：为何要翻译、编辑并出版《怀特海全集》？又为何要研习与探究怀特海的思想？或许，从人类文明演进的宏大视野，特别是从我们全力推进的生态文明建设、中国式现代化建设以及积极构建人类命运共同体的角度出发，来解答这些问题，才能让怀特海思想所蕴含的时代意义与当代价值更加彰显。

## 一、怀特海的传奇人生

在现代西方哲学的舞台上，与年少成名的弟子罗素相比，身为老师的怀特海堪称大器晚成。再看作为罗素弟子的维特根斯坦，其一生创立了两个观点截然不同且影响深远、拥趸众多的哲学学派；而怀特海这位师爷，却始终围绕自己创立的过程哲学，不断雕琢完善理论体系，思想脉络一以贯之。

怀特海全名为阿尔弗雷德·诺思·怀特海（Alfred North Whitehead，1861年2月15日—1947年12月30日）。他的人生经历极富传奇色彩，理论贡献也十分卓著，主要体现在以下几方面：

其一，怀特海堪称兴趣广泛、思想独树一帜，且在多学科领域建树颇丰的大师级人物。日本怀特海研究专家田中裕教授赞誉他为“七张面孔的思想家”，认为他兼具数理逻辑学家、理论物理学家、柏拉图主义者、形而上学家、过程神学创立者、深邃生态学家以及秉持教育家立场的批评家等多重身份。这些评价或许并非无可挑剔，但也从侧面展现出怀特海作为综合性大思想家的特质。

其二，怀特海一生未师从任何哲学家，也未曾聆听过哪位哲学家系统性的课程或讲座，却在哲学思想领域凭借自学自成一派，独立创立了过程哲学，亦称有机体哲学。由于在数学哲学和科学哲学研究方面成绩斐然，在从伦敦帝国理工学院数学教授席位退休后，他被哈佛大学哲学系聘为讲座教授；哈佛大学甚至打破原定一年的聘期惯例，任由他讲学多年。结果，他在哈佛一讲就是十三年，直至76岁因身体缘故才“二次退休”。正是在哈佛期间，他开创了具有深远影响的过程哲学学派。从怀特海算起，历经查尔斯·哈茨肖恩、小约翰·柯布、大卫·格里芬、菲里浦·克莱顿、杰伊·麦克丹尼尔等，过程哲学思想已传承了四五代，并且在21世纪展现出愈发强劲的发展态势，这对现代西方哲学家发展而言极为罕见。大卫·格里芬甚至大胆预言，哲学发展的21世纪或将成为“怀特海世纪”。

其三，怀特海在大学学习与工作时专攻数学，随后从纯粹数学转向应用数学，进而涉足理论物理学，又从理论物理拓展至形而上学与哲学领域。虽说他的数学研究从纯数学角度而言并无重大突破，但他与罗素合著的《数学原理》，却是数理逻辑，即符号逻辑的奠基之作，也是哥德尔提出“哥德尔不完全性定理”的重要研究蓝本，该书因此跻身20世纪西方最具影响力的100部英语学术著作之列。

其四，对于达尔文进化论、麦克斯韦电磁学、爱因斯坦相对论以及普朗克量子力学，怀特海给出了深刻且系统全面的哲学概括与总结，在现代西方哲学家中，他是对这些科学学说反思最为透彻的思想家之一。尤其是在《相对性原理》一书中，他大胆质疑爱因斯坦相对论的时空观，依据“矢量学说”与“事件学说”，批评以爱因斯坦为代表的科学家只认可“钟表时间”，却否认自然界存在客观时间持续性的观点。这一观点在当下宇宙学、物理学以及哲学的“时间理论”研究中，依旧具有重大现实意义。

其五，自怀特海逝世后，哈佛大学哲学系设立了以“怀特海讲座”命名的系列讲座，以此缅怀这位伟大的哲学家。每两年左右举办一届的“国际怀特海大会”，同样以他的名字命名，至今已成功举办13届。最近一届，即第十三届国际怀特海大会，于2023年7月在德国慕尼黑举行。基于怀特海哲学创立的建设性后现代主义学说，被我国著名哲学家汤一介先生赞誉为“19世纪末20世纪初西方最具创新性的学派之一”。

## 二、怀特海思想发展的三阶段

1861 年 2 月 15 日，怀特海诞生于英格兰的一个教育世家。幼年时，他身体孱弱，父母出于对其健康的担忧，在他到了入学年龄时，选择让他在家自学。在那段时光里，他尽情遨游在自己喜爱的各类书籍之中；同时，常听家中园丁讲述故事，并在园丁的引导下，细致观察庭院里的各种植物、花卉与昆虫。这般早年经历，深深烙印在他心中，对他毕生亲近自然、敬畏生命的品性产生了极为深远的影响。

从 10 岁起，怀特海踏上自学拉丁文的征程。12 岁时，他开始自学希腊文。他不仅痴迷于广泛阅读，对数学、历史和文学作品满怀热忱，还乐于与他人探讨问题，这使得他一生都广结善缘，无论面对何人，包括自己的学生，都能以平等的姿态展开讨论。

1875 年，14 岁的怀特海身体逐渐强壮起来，他的父亲便将他送入一所声名远扬的中学 ——位于英格兰南部多塞特郡的舍伯恩中学。相传，阿尔弗雷德大帝（849—899 年）也曾是这所学校的学子。这所中学以修道院建筑作为校舍，怀特海有幸能够使用修道院长的书房，这为他打开了知识的宝库，让他有机会饱览大量自己喜爱的书籍。这一经历对他日后在学术研究中，秉持不拘泥于单一学派观点与思想的治学风格，起到了至关重要的塑造作用。

1880 年，年仅 19 岁的怀特海凭借优异成绩考入剑桥大学三一学院，主攻数学专业。然而，他的兴趣广泛，对政治、宗教、哲学和文学同样兴致盎然，尤其钟情于文学，这促使他阅读了海量的著作。众所周知，剑桥三一学院可谓人才辈出，牛顿、麦克斯韦、卡文迪许等众多著名科学家皆曾于此求学。怀特海后来曾提及，在社交能力的培养与知识的训练方面，剑桥大学，尤其是三一学院，给予了他极大的助力。晚年，他前往美国马萨诸塞州坎布里奇的哈佛工作，有趣的是，此地英文原名也是“Cambridge”，为与英国剑桥区分，才音译为“坎布里奇”。从这个层面来说，怀特海的大学学习以及最初的教学和研究工作生涯，皆始于剑桥。

怀特海曾评价道，剑桥大学教学规范严谨，教师们不仅素质卓越，还风趣睿智。在大学期间，他不仅认真听课、聆听讲座，还热衷于与人交流，常常与同学、老师和朋友探讨各类问题。这些讨论通常从傍晚六点或七点的正餐时分开启，一直持续到晚上十点左右。结束讨论后，他往往还会再钻研三个小时的数学。尤为特别的是，他的朋友圈子并非依据所学专业划分，大家讨论的话题五花八门，涵盖政治、社会、宗教、哲学、文学等诸多领域，而他对文学的偏爱更是溢于言表。这很大程度上得益于他被选为剑桥大学一个秘密学习社团——“使徒协会”的成员。该学会没有教师参与，由不同专业的学生组成，每个周末晚上都会专门针对一个问题展开讨论，由会员轮流进行主题发言。像罗素等知名校友，也曾是这个社团的一员。到1885年他获得研究生奖学金时，他已能大段背诵康德《纯粹理性批判》的部分章节。对于自己在剑桥大学期间这种自由交谈的学习方式，他戏称其为“柏拉图式的对话”，并称赞剑桥大学的教学方式为“仿效柏拉图式的方法”。正因如此，他对柏拉图《理想国》和伽利略《两种科学的对话》等对话体写作方式也格外推崇，认为这种方式能够淋漓尽致地表达作者的思想与观念。

1890年12月，一次偶然的机会，怀特海于亲戚家中邂逅了美丽聪慧且擅长社交的女子伊芙琳·韦德。随后，在父亲和哥哥的主持下，他与伊芙琳幸福地步入了婚姻的殿堂。然而，他的母亲却不太中意这位并非毕业于名牌大学的儿媳妇，甚至没有出席他们的婚礼。自此，他的妻子与母亲关系始终不睦，往来甚少；但不得不说，怀特海遇见伊芙琳是他莫大的幸运。他的父亲欣喜地看到，儿子婚后性格大为改变，比以往开朗了许多。据怀特海自己所言，妻子对他的世界观以及为人处世的方式产生了深远影响，这在他的哲学研究中是一个不可忽视的重要因素。长期以来，怀特海生活在英国职业阶层那种狭隘沉闷的英国式教育环境之中。这个职业阶层，既影响着上层的贵族，又引导着下层的社会大众，其盛行在一定程度上成为影响19世纪英国社会发展的关键因素之一。而伊芙琳自幼跟随身为军人和英国驻法外交官的父亲生活，在法国长大并接受教育，说话带着一丝法语口音。她气质大方美丽，待人接物从容得体，生活追求丰富多彩，家庭布置独具品味，引得剑桥大学教授们的家属们都羡慕不已。伊芙琳极强的社交能力，与性格内向、略显沉闷的怀特海形成了鲜明的反差与完美的互补。这使得怀特海后来逐渐领悟并总结出，道德和美学意义上的美，乃是生存的终极目的；善良、爱以及艺术上的满足，则是实现这一目的的具体形式。逻辑和科学能够揭示相关的模式，同时也能帮助我们规避不相关的事物。

由于学业成绩优异，怀特海毕业后顺利留校，在三一学院担任数学教师。与其他毕业留校后急于发表或出版研究成果的年轻学者不同，怀特海直到留校约 13 年后的 1898 年，才推出了自己的第一部学术著作——《普遍代数论》。这部极具创新性的数学著作一经问世，便为他赢得了极高的声誉。五年后的 1903 年，他成功当选为英国皇家学会会员。大约 30 年后的 1931 年，因在哲学研究领域取得的卓越成就，他又当选为英国科学院院士。在英国学术界，能够同时拥有这两个身份的人可谓凤毛麟角。

1901 年，怀特海与他曾经的学生、当时的同事伯特兰·罗素携手，开始共同撰写《数学原理》。这部著作的书名采用拉丁文书写，并且有意与牛顿那享誉全球的《自然哲学的数学原理》同名，足见他们壮志凌云。这部三卷本的《数学原理》堪称数理逻辑或符号逻辑领域的奠基之作，哥德尔更是以此书为研究对象，提出了著名的“哥德尔不完全性定理”。当初，罗素进入剑桥大学的那份数学入学考试试卷，怀特海正是阅卷人之一，他对罗素的数学天赋极为赏识，也正因如此，二人从师生关系逐渐转变为朋友与同事。然而，遗憾的是，随着时间的推移，二人在世界观和哲学观点上产生了分歧，在写作《数学原理》的过程中，最终分道扬镳。罗素秉持逻辑原子主义的主张，坚信通过将复杂命题还原为原子命题，便能清晰地认识和解释世界，因为他认为世界中的事物如同弹子一般，彼此界限分明，通过还原论的分析即可洞悉一切。而怀特海则认为，世界是一个无比复杂的有机体，宛如一个无限庞大的“果冻”，其中各个事物之间的界限并非那般清晰可辨。人类唯有借助数学、科学、哲学、艺术和宗教等多种不同的认知方式，才能获取对世界的有限认知。正如怀特海所言：“在哲学讨论中，对终极性陈述哪怕仅有丝毫独断式的确信，都是一种愚蠢的表现。”也正因为此，怀特海对罗素的学生维特根斯坦的语言哲学思想也并非完全认同，在与维特根斯坦进行了一次深入交谈后，二人鲜少再有交集。

1910 年，怀特海因不满学校对一位老师的不公正处分，毅然辞去了在剑桥大学的高级讲师职位，迁居伦敦，另谋教职。学术界将怀特海从 1880 年进入剑桥大学学习和工作，到 1910 年离开的这段时期，称作怀特海思想发展的“剑桥时期”。这一时期，他的代表作包括《普遍代数论》（1898 年）、《画法几何学公理》（1905 年）、《射影几何公理》（1906 年）以及三卷本的《数学原理》（与罗素合著，1910

年、1912 年、1913 年）。

在赋闲在家的一年左右时间里，怀特海潜心撰写了《数学导论》一书，并深入研究应用数学。凭借这些积累，1911 年，他顺利应聘到伦敦大学大学学院，担任应用数学讲师。1914—1924 年，他先后在伦敦大学大学学院担任不同教职，随后又在帝国理工学院担任教授，期间还先后担任过科学系主任、教务委员会主任和校务会成员。正是在此期间，基于对英国教育教学制度和实践的深入思考，他撰写了日后出版的《教育的目的》中的大部分文章。在这些教学和管理工作的磨砺中，他逐渐改变了对现代工业文明中高等教育的看法，对面向过去的精英教育模式，如牛津和剑桥模式、德国模式提出了尖锐批评，而对伦敦大学面向现在和未来的教育模式则给予了高度赞赏。在学术研究方面，受到爱因斯坦相对论和普朗克量子力学的影响，加之在剑桥大学时达尔文进化论和麦克斯韦电磁学在他心中留下的深刻烙印，他陆续撰写并出版了三部重要的自然哲学和科学哲学著作——《自然知识原理探究》（1919 年）、《自然的概念》（1920 年）、《相对性原理》（1922 年）。这三部哲学著作在西方学术界引起了广泛关注，众多知名学者纷纷推荐他前往哈佛大学任教。于是，在 63 岁从伦敦大学教授职位退休时，他“颇感意外地”被聘为哈佛大学哲学讲席教授。

学术界通常将 1911—1923 年视为怀特海学术思想发展的第二个时期，即“伦敦时期”。这一时期，他的代表作有

《自然知识原理探究》（1919 年）、《自然的概念》（1920 年）和《相对性原理》（1922 年）。

在怀特海到来“约 30 年前”，哈佛大学哲学系曾有一段“伟大时期”。彼时，哲学系汇聚了罗伊斯、詹姆士、桑塔亚那、帕麦尔、闵斯特贝尔格等众多著名哲学家，他们组成了一支令人瞩目的学术团队。这是一群勇于探索、善于思辨、积极寻求新观念的学者。到了 20 世纪 20 年代，哈佛大学哲学系主持系务工作的伍兹（J. H. Woods）教授为了重振哈佛哲学系的辉煌，在全球范围内广纳贤才。当时颇具声望的哲学家柏格森、罗素、爱丁顿和杜威等，皆在他们的聘用名单之中。1920 年 3 月 10 日，伍兹教授向哈佛大学校长洛威尔（Lowell）提议聘任怀特海主讲科学哲学，洛威尔校长认为暂不宜做出过多承诺，因为当时他对怀特海讲授哲学的能力仍心存疑虑。然而，到了 1923 年，生物化学家劳伦斯·亨德森（Lawrence J. Henderson）再次向校长洛威尔举荐怀特海，并借用柏格森的话评价道：他是用英语写作的最杰出的哲学家。同时，专门探讨科学哲学问题的“罗伊斯聚餐会”团体内的成员，都曾拜读过怀特海的一些著作，并对其赞赏有加，他们一致强烈呼吁，哈佛应当招揽这样的人才。于是，1924 年，怀特海收到了来自哈佛大学哲学系的越洋电报——一封邀请函，邀请他前往哈佛大学主持哲学讲座，工作年限为五年。即将赋闲在家的怀特海欣然应允。由此，他开启了学术生涯中最为光辉的篇章，奏响了其一生最具哲学创造力的乐章。他后来曾感慨道：“我难以用言语充分表达哈佛大学校方、我的同事、学生以及我的朋友们给予我的鼓励与帮助。他们对我和我的妻子关怀备至。我出版的书中难免存在疏漏和错误，这完全由我个人负责。在此，我大胆引用一句适用于所有哲学著作的评论：哲学试图用有限的语言表述无穷的宇宙。”

与年少成名、名扬四海的罗素不同，怀特海可谓是大器晚成、自学成才的思想家典范。他从未正式听过一门哲学课程，所有的哲学思想皆源自自学以及与他人的探讨。他直到50多岁才被评上教授，且还是应用数学领域的教授。然而，在他思想发展的第三个时期，即“哈佛时期”，他相继完成了一系列哲学巨著——《科学与现代世界》（1925年）、《过程与实在》（1929年）、《观念的探险》（1933年）、《自然与生命》（1934年）、《思想方式》（1938年）以及《科学与哲学文集》（1947年）等。他的教育哲学著作《教育的目的》（1929年）也在这一时期出版。正是通过这些著作，他成功创立了过程哲学，亦称为“有机体哲学”，得到了众多西方哲学大家的认可，实现了西方哲学从实体到过程的“过程转向”，对传统西方实体哲学形成了超越性的冲击。从此，由黑格尔思辨辩证法明确开创，经马克思和恩格斯唯物辩证法继承与完善的过程哲学思想，在人类哲学思想的百花园中，绽放出一朵绚丽独特的时代精神之花。

颇具戏剧性的是，怀特海在哈佛大学开讲科学哲学之初，慕名而来的听众众多，“爱默生”教学楼演讲厅座无虚席。然而，没过多久，听讲者便寥寥无几，甚至连是否让他继续授课都成了问题。这是因为他所讲授的过程哲学或有机体哲学思想，与分析哲学大本营哈佛大学哲学系的主流思想大相径庭。以至于有的教授在听过他的讲座后，评价他是“纯粹的柏格森主义者”。在当时的美国哲学界，这几乎等同于骂人。不过，哈佛大学校长洛威尔和哲学系主任伍兹独具慧眼，坚信这位《数学原理》（三卷）、《自然知识原理探究》《自然的概念》和《相对性原理》的作者，绝非信口开河。或许，他所阐述的思想观念过于超前，让人一时难以理解。于是，他们不仅明确表态继续聘任怀特海授课，还给予了他哈佛大学当时最高的年薪，并让他按自己的意愿决定授课年限。结果，怀特海在哈佛一讲就是十年，直至 73 岁，因身体原因才从哈佛大学讲座教授职位上退休。

退休之后，怀特海依然笔耕不辍，在哲学领域持续耕耘，不时发表学术论文。尤其是《论不朽》和《数学与善》这两篇论文，极具创新性。在生命的最后一年——1947 年，他将这些论文结集出版，推出了平生最后一部著作《科学与哲学文集》。同年 12 月 30 日，享年 86 岁的怀特海与世长辞，这位一代思想大师的遗体最终长眠于马萨诸塞州的坎布里奇。

随着时间的推移，凭借其助教和传人查尔斯·哈茨肖恩教授在芝加哥大学对过程哲学的大力传播与讲授，哈茨肖恩教授的弟子小约翰·柯布以及柯布的学生大卫格里芬对怀特海过程哲学的深入解读与应用，特别是在美国加州克莱蒙研究生大学神学院由柯布等人创立的过程研究中心，创办的《过程研究》杂志，以及每两年举办一次的国际怀特海大会，如今，尽管怀特海已离去，但他那极富创新性的过程哲学思想以及“过程—关系—有机”观念，如同他所说的“永恒客体”一般，永远留存于世间，供我们汲取、思考，激励着我们不断开拓创新，为推动实现人类命运共同体的共同福祉而不懈努力。

## 三、广义和狭义过程哲学及总体评价

过程哲学思想源远流长，并非怀特海首创或独创。在古老的华夏大地，被誉为“群经之首”的《易经》，其核心主旨之一便是阐述“变易”之道。正因如此，它的英文译名为“*The Book of Change*”，即“变化之书”。而《黄帝内经》自开篇至结尾，始终贯穿着过程思想，据统计，其中提及过程之处达二百余。《道德经》里那句“道生一，一生二，二生三，三生万物”，更是将以“生成”为根基的过程思想展露无遗。《论语》中的“子在川上曰：逝者如斯夫”的喟叹，以生动形象的笔触描绘出世界的过程性本质。

在遥远的古代西方，当哲学家泰勒斯提出“水是万物的本原”时，过程思想已悄然蕴含其中。毕竟，水并非静止不变的实体，而是处于流动的过程之中。赫拉克利特提出“永恒的活火”概念，其过程哲学内涵不言而喻。古希腊哲人们诸如“无人能两次跨过同一条河流”“太阳每天都是新的”这般经典命题，更是将过程哲学思想直白地呈现出来。步入近代西方哲学时期，德国古典哲学家黑格尔清晰地概括出世界具有过程性这一伟大的基本思想。马克思和恩格斯敏锐地汲取了黑格尔的过程哲学思想精髓，不过，他们将黑格尔那倒立的唯心主义哲学重新扶正，创立了以联系和发展为显著特征的唯物辩证法哲学，亦称为实践唯物主义哲学。

然而，唯有怀特海构建起了具有体系化、大写意义上的过程哲学理论大厦。尽管古往今来、中外各方的思想家们，脑海中都不乏丰富的过程哲学思想火花；但他们之中，无人能像怀特海这般，精心雕琢出一套专属于过程哲学的基本概念与范畴体系，并以此为基石，搭建过程哲学的基础理论架构。这一体系为我们勾勒出一幅独特的世界图景，既迥异于以牛顿力学为根基的机械唯物主义或形而上学唯物主义所描绘的世界，也与形形色色的唯心主义世界观大相径庭。在怀特海的世界图景里，宇宙仿若一个充满生机的有机体，具备过程性与关系性这两大总体特征，其中蕴藏着过程原理、摄入原理、创造性原理、主体性原理、相关性原理、本体论原理与合生原理共七大基本原理。在终极动力因——创造力的强劲推动下，宇宙遵循着“多生成一，并由一而长”的根本规律，持续不断地由低级向高级、从简单到复杂进行创造性的演进。这无疑向我们揭示，世界本身就是一个动态的过程，“自然界永远不会完成”。也正因如此，西方学术界将怀特海创立的这一哲学理论体系命名为大写的过程哲学（Process Philosophy），堪称恰如其分、名副其实，即便他本人将自己的哲学称作“有机哲学”或“有机体哲学”（the philosophy of organism）。倘若把古今中外那些散落在各处的过程哲学思想视作广义的过程哲学范畴，那么，怀特海的哲学思想无疑属于严格意义上、狭义的过程哲学。

从怀特海个人的哲学思想发展脉络来看，无论是其早期在剑桥时期与伦敦时期出版的自然哲学和科学哲学著作，还是哈佛时期推出的思辨哲学著作，过程哲学思想如同一根红线，贯穿始终。纵观其一生，经过数十年殚精竭虑的创造性思考与精心著述，怀特海为我们奉献了一套全面而系统的过程哲学思想体系。这一学说在西方哲学界引发了一场波澜壮阔的革命，其影响力堪与康德的“哥白尼式的革命”相媲美。这场革命促使西方哲学的主导地位，从实体哲学悄然转向过程哲学或机体哲学。诚如我国现代西方哲学研究领域的专家刘放桐教授所言，怀特海的过程哲学引领西方哲学发展实现了意义重大的“过程转向”。直至今日，这一转向仍在持续推进的进程之中。大卫·格里芬甚至大胆预言，21 世纪的哲学或将迎来“过程哲学的世纪”。

我们都知道，马克思和恩格斯创立的崭新哲学被他们命名为“历史唯物主义”或“实践唯物主义”。虽说这一哲学依旧保留着“唯物主义”的名号，但其内涵早已超脱 17

世纪以来以牛顿力学为基础的机械唯物主义范畴，也与费尔巴哈所代表的形而上学唯物主义大不相同。

之所以如此断言，原因主要有两点。其一，马克思和恩格斯深刻洞察到，“唯物主义在后续的发展进程中逐渐走向片面化”“变得对人充满敌意”。在这种唯物主义观念里，“抽象的物质”“抽象的实体”摇身一变，成为一切变化的主体，构成了“万物的本性和存在的动力因”，而这显然是马克思和恩格斯无法认同的。在他们看来，旧唯物主义与唯心主义存在一个共同的致命缺陷，即二者均未能正确理解人类实践活动及其蕴含的重大意义。马克思和恩格斯毅然将自己创立的新哲学命名为“实践的唯物主义”。这一命名绝非随意为之，而是具有全局性、根本性的定义，实践的唯物主义乃是马克思主义哲学的本质特征得以彰显。基于此观点审视，“整个所谓世界历史，归根结底是人通过自身劳动得以诞生的过程，也是自然界向人类生成的过程”。

其二，恩格斯在《路德维希·费尔巴哈和德国古典哲学的终结》一书中明确指出，在马克思主义所秉持的唯物辩证法视野下，不存在任何永恒不变、绝对正确、神圣不可侵犯的事物；它揭示了世间万物的暂时性；在它面前，唯有生成与灭亡的持续过程，以及从低级向高级永无止境的上升运动，其他一切皆不存在。唯物辩证法本身，正是这一过程在人类思维头脑中的反映。反观18世纪的唯物主义主要表现为机械唯物主义，在其观念里，“人是机器”。仅仅运用力学尺度去衡量化学性质和有机性质的过程（在这些过程中，力学定律虽有作用，但被其他更为高阶的定律排挤至次要位置），这是法国古典唯物主义的一个显著却在当时难以避免的局限性。这种唯物主义的另一大特有局限在于：它无法将世界视作一个过程，无法理解世界是处于持续历史发展进程中的物质。而在黑格尔学派解体过程中诞生的诸多派别里，唯一真正结出累累硕果的派别，主要与马克思的名字紧密相连。恩格斯认为：“一个伟大的基本思想，即世界并非既成事物的简单集合体，而是过程的集合体。在这个集合体中，看似稳定的事物以及它们在我们头脑中形成的思想映象——概念，都处于生成与灭亡的持续变化之中。在这一变化过程里，尽管存在诸多表面上的偶然性，尽管会出现暂时的倒退，但前进发展的趋势终究会得以实现——这个伟大的基本思想，尤其是自黑格尔时代以来，已逐渐成为大众的普遍意识，以至于在这种一般性表述形式下，它大概率不会遭遇反对之声。”

恩格斯于1886年刊载在《新时代》杂志上的这段论述表明，怀特海的过程哲学思想并非在20世纪毫无征兆地横空出世。恰恰相反，它既是自古希腊以来过程思想历经漫长岁月积淀、持续发展的结晶，比如古希腊哲学家提出的“无人能两次跨过同一条河流”“太阳每天都是新的”等经典过程思想，也是近代西方哲学家们的过程思想或有机体思想不断演进的成果；其中亦包含着对马克思和恩格斯过程思想，尤其是对恩格斯过程思想的继承与发扬。英国科学史家李约瑟在其著作中，通过深入的历史考察后指出：

“当新科学时代来临之际，人们惊觉一长串的哲学思想家早已为之铺垫好了前行道路——从怀特海回溯至恩格斯与黑格尔，再从黑格尔追溯到莱布尼茨——那时的思想灵感或许全然不再局限于欧洲本土。”

虽然恩格斯在《反杜林论》中盛赞“黑格尔首次——这无疑是他的卓越功绩——将整个自然的、历史的和精神的世界描绘成一个过程，即把它刻画为处于持续的运动、变化、转变和发展之中，并竭力揭示这种运动和发展的内在联系”。然而，黑格尔的哲学属于客观唯心主义哲学范畴，其辩证运动的真正主体并非客观的外部世界，而是“绝对精神”，他所提及的自然界和历史，不过是绝对精神的外化或异化形态。这与怀特海以进化论、电磁论、相对论和量子力学为依托所阐述的过程哲学截然不同，在怀特海的认知里，世界乃是客观存在的宇宙整体。因此，对于怀特海过程哲学或机体哲学的总体评价，我们不妨引用马克思的一句话：“哲学不是游离于世界之外的空想”“任何真正的哲学都是自己时代精神的精华”“哲学都要与自己所处时代的现实世界相互接触、相互作用，它是文明鲜活的灵魂”。这恰恰精准地诠释了哲学的功用与价值所在。而怀特海的过程哲学或机体哲学，无疑正是我们这个时代精神精华的重要构成部分，也是文明鲜活灵魂的有机组成部分。

## 四、怀特海过程哲学的基本特征

怀特海所构建的过程哲学体系，犹如一座精心雕琢的宏伟建筑，严密且完整，其内涵之丰富，令人叹为观止。体系中创新的思想与观点如璀璨星辰，交相辉映，那些格言般的名言警句，宛如智慧的火种，常常在读者心中点燃灵感的火焰，令人拍案叫绝；思绪随之飘飞，联翩不断。然而，在其代表作《过程与实在》等著作及论文里，部分表述犹如隐藏在迷雾之中，晦涩难懂；他所创造的一些新概念、新范畴，更是如同神秘的密码，让人捉摸不透，不知所云。即便是以英语为母语的英美读者，在研读英文版《过程与实在》时，也时常眉头紧锁，倍感头痛。有人评价这部著作的阅读难度，丝毫不亚于康德那部声名远扬的《纯粹理性批判》，甚至调侃说，若真想读懂它，非得耗尽心力，如同折断脊梁骨一般。

不过，我们不妨先着眼于过程哲学的三个基本特征，以此作为切入点，从宏观视角把握过程哲学的大致轮廓，洞悉它与其他西方哲学流派究竟存在哪些本质差异。

### （一）过程哲学是一种不同于传统西方哲学诸流派的新哲学

首先，怀特海的过程哲学与传统西方哲学中的机械唯物主义或形而上学唯物主义有着天壤之别。回顾历史，尽管不同的唯物主义者在具体观点上存在分歧，但在"世界由物质实体构成"这一根本立场上，他们如出一辙。怀特海常将其称为"科学的唯物主义"，意指以牛顿经典力学为科学根基的唯物主义。在他看来，这种唯物主义的症结在于，将世界的基本构成要素简单归结为“物质”或“质料”，并认定这种物质或质料是一种无须依赖任何其他事物，便能独立存在的实体。而且，作为恒定不变的主体，无论其属性如何千变万化，实体本身始终保持同一。自亚里士多德时代起，直至笛卡尔哲学，这种实体物质观一直占据主导地位；然而，怀特海对其发起了猛烈批判，将这种理论概括的错误斥为“误置具体性之谬误”的典型范例。这就好比将生机勃勃、充满活力的客观实在，硬生生地抽象成了惰性十足、孤立无援的物质实体或质料，恰似“错把地图当风景”，本末倒置。而在现实世界中，万事万物皆处于永不停歇的运动、变化与发展进程之中，自然界在本质上是一个有机的整体。因此，以牛顿经典物理学为依托的“科学唯物主义”，根本无法为我们勾勒出一幅真实、准确的世界图景。与之形成鲜明对比的是，怀特海的过程哲学系统且深入地阐述了“世界是一个过程”这一核心主张，并对世界的过程原理进行了全面概括与阐释。

其次，怀特海的过程哲学也与传统西方哲学中的各类唯心主义哲学大相径庭。无论是柏拉图、黑格尔所代表的客观唯心主义，还是贝克莱主张的主观唯心主义，本质上都属于实体实在论的范畴。它们坚持认为精神实体是第一性的，而与之相对的物质实体则是第二性的。怀特海却犀利地指出，以理念、观念或思想作为世界的本体或本原，以此来解释我们所处的世界，这种观点过于片面。此类学说既无法合理说明物质自然界的产生与进化历程，也难以从科学角度阐释物质与精神之间的相互作用机制。叔本华曾一针见血地指出，无论是唯物主义者还是唯心主义者，都难以合理地解释物质与精神这两种性质截然不同的事物如何相互作用，他将此视为他们哲学中难以解开的"世界之死结"，这一论断切中要害。而怀特海的过程哲学另辟蹊径，以任何现实事物都兼具物质极与精神极为基石，凭借彻底的过程一元论，成功解开了物质与精神相互作用这一难题，因而受到格里芬的高度赞誉，称其真正解开了传统唯物主义和唯心主义都望而却步的"世界之死结"。

再次，怀特海的过程哲学与以笛卡尔为代表的二元论哲学亦有着显著差异。被誉为西方现代哲学之父的笛卡尔，创立了二元论哲学，将物质与精神视为两个相互独立、互不关联的实体。在当时的历史背景下，这种观点发挥了积极作用，实现了"恺撒的归恺撒，上帝的归上帝"，使得哲学、科学与宗教神学得以各自独立发展，尤其是推动了科学和哲学对物质的研究取得长足进步。然而，物质与精神这两种实体的二元对立，不仅引发了物质与精神如何相互作用的"世界之死结"，还衍生出一系列二元对立，诸如自然与社会、科学与人文、主体与客体、感性与理性、现象与本质、可能与现实、抽象与具体、有限与无限等。这些对立使得哲学与科学研究逐渐偏离现实，难以揭示统一宇宙的全貌。怀特海的过程哲学则坚定地认为，任何现实事物都包含物质极与精神极两个层面，它们实则是同一客观实在的不同侧面。这一观点从根本上解答了物质与精神何以能够相互作用的问题。

最后，怀特海的过程哲学既敏锐地批判了现代西方哲学中各派分析哲学的片面性，也深刻地剖析了现象学的局限性，力求构建一种综合性的哲学体系，用以阐释整个世界的各类经验。在怀特海眼中，强调对语言、经验、逻辑、精神等方面进行分析，无疑具有重大意义且至关重要；倘若忽视了语言、经验、逻辑、精神等与实在之间的内在联系，那么这种分析就会陷入片面的泥沼。脱离了与世界实在性的关联，单纯地探讨语言、经验、逻辑和精神等现象，犹如无本之木，缺乏本体论根基，不仅片面，而且难以自圆其说。

现象学运动仅仅聚焦于现象，将世界的实在性等其他一切因素都“悬置”起来。从认识论和方法论的角度来看，这固然具有一定的合理性。然而，若否定现象与实在之间的本质联系，就不仅难以合理解释现象产生的根源，更无法清晰阐释自然的进化、社会的进步乃至整个宇宙的演化过程。从认识论层面而言，也难以说明人类如何从已知领域迈向未知领域。因为倘若我们仅仅局限于经验的直接给予和纯粹现象，那么诸如磁场、引力场、微观粒子的内部结构等问题，以及他人的存在和历史发展等现象，都将难以得到合理的解释。怀特海在《观念的探险》中明确指出，我们秉持一种基本信念而生存，即显现或现象与实在之间存在着真实的连续性。这是我们正常生存所依赖的“硬内核常识”（格里芬语）。一旦违背这些硬内核常识，我们便难以在社会中正常立足。自然科学与人类经验反复向我们证明，现象与本质或实在之间存在着内在联系，倘若我们把现象等同于本质，那么所有的科学研究都将变得毫无必要。

## （二）过程哲学是一种建立在最新科学基础之上的思辨哲学

与那些坚决拒斥传统形而上学的现代西方哲学流派，尤其是实证主义流派不同，怀特海旗帜鲜明且自觉地致力于构建一种以最新科学成果为基石的形而上学思辨体系。在当代西方哲学家中，能有如此理念与行动者，实属凤毛麟角。他对形而上学的理解，在某种程度上与康德所倡导的科学的形而上学不谋而合。

首先，过程哲学的目标便是构建一种思辨形而上学体系。在怀特海看来，形而上学是一种孕育知识的重要方法。在人类的所有思想活动中，都或多或少地蕴含着思辨的成分。科学发现的过程，实则是一个不断进行猜想与反驳的试错过程，其中思辨不可或缺。任何试图彻底摆脱思辨的思想家，最终都难以取得成功。即便是对形而上学批判最为激烈的实证主义学说，倘若缺失了思辨，也无法建立起来。颇具讽刺意味的是，在自然科学研究领域，人们运用思辨方法似乎并未遭到太多反对，因为思辨的成果最终能够通过经验加以证实。然而，在社会科学和哲学研究中，由于证明过程的复杂性以及历史的长期性，思辨的结果往往难以得到充分的实证，这就导致人们对社会科学和哲学思辨的成果常常持怀疑甚至否定的态度。在现代西方思想界，“思辨”一词因此声名不佳。怀特海认为，我们应当正视思辨本身存在的缺陷，小心翼翼地对形而上学思辨加以约束，使其建立在具体科学研究成果的坚实基础之上；但绝不能因噎废食，否定形而上学思辨的价值与作用。因为倘若没有真正的思辨，科学和哲学等理论就无法实现对普遍性的概括。对此，恩格斯也曾明确批评牛顿对形而上学的全盘否定。在评价牛顿那句“物理学要当心——形而上学！”的名言时，恩格斯指出：“这是对的，但是在另一种意义上。”也就是说，如果将形而上学理解为与辩证法相对立的世界观和方法论，即那种“孤立、静止、片面地看问题的世界观和方法论”，物理学家对这种形而上学思维方式确实应当保持警惕。但如果从思辨的角度出发，超越具体事物和现象进行抽象思考与概括，即透过现象洞察本质，通过特殊把握普遍，通过个别领悟一般，通过有限认知无限，那么这种形而上学思辨不仅是必要的，而且是所有科学、哲学、艺术、宗教等人类认识世界的不同方式中普遍存在的思维方式。这种意义上的形而上学，才是科学的形而上学。怀特海所坚守的，正是这样一种形而上学。他的形而上学旨在对宇宙的一般特征和普遍规律进行概括，以便能够解释人类的所有经验。用他自己的话来说：“思辨哲学的目的是要致力于建构一种内在一致、合乎逻辑且具有必然性的一般观念体系，根据这一体系，我们经验中的每个要素都能得到解释。”

其次，过程哲学是一种扎根于数学、逻辑学和现代科学基础之上，由一系列概念、范畴和原理构建而成的思辨形而上学体系。怀特海身为应用数学家，其研究自然哲学的初衷便是运用数学方法探索物质世界。他在晚年回忆时提到，自己最早一篇令他得意且满意的哲学论文便是“论物质世界的数学概念”，该论文重点探究了数学如何能够以及怎样表达关于物质世界的基本概念，以及闵可夫斯基的非欧几里得几何学对阐述新的时空观具有何种重要意义等问题。在阐述自身自然哲学研究成果时，包括其阐述过程形而上学的代表作《过程与实在》，他运用了严谨的数学和逻辑方法。先是对基本概念和范畴进行明确界定，然后在此基础上逐步展开，阐释过程哲学的基本原理和一系列核心观点，最后详细说明过程哲学基本概念、范畴和原理的各种实际应用。而他对过程形而上学的概念、范畴和原理的定义与阐述，是以达尔文进化论、麦克斯韦电磁学、爱因斯坦相对论和普朗克量子力学等重大科学成果为科学依据的。倘若没有数学领域的非欧几何学以及科学上的这几项重大突破，怀特海根本无法提出他的过程哲学或有机体哲学。

最后，在怀特海学派的哲学家眼中，形而上学可分为三种类型。一种是朴素的形而上学，即古代的各种形而上学学说。由于当时现代意义上的科学尚未诞生，这些学说既缺乏科学工具的辅助，也没有科学基础的支撑。二是精确的形而上学，它建立在严格的逻辑论证之上，坚信通过严密的逻辑推导便能得出精确的结论；然而，它同样没有以科学作为工具和基础。三是科学的形而上学，这种形而上学充分考虑现代科学的成果，并将其作为自身的科学根基。也就是说，它并非纯粹的思辨，而是在现代科学成果的基础上进一步进行推论与思辨。怀特海所信奉与坚守的，正是这种科学的形而上学。它是对实在的性质、构成和结构展开的哲学探索，所描述的不过是可应用于所有实践细节的普遍性或普遍规律。

科学的形而上学所探讨的问题，既在现实世界中有所显现，又难以凭借自然科学进行恰当的解释与说明，因此需要借助形而上学的思考或思辨来深入探究。例如，宇宙的基本秩序性；进化过程中展现出的新颖性与向上的发展趋势；非实在的理想物，诸如数学和逻辑中的理想物（如0，1，-1，点，圆等）的客观性问题；人对世界的审美体验，等等。诸如此类的问题，都需要通过科学的形而上学来寻求答案。

那么，科学的形而上学的目的究竟何在？其一，它旨在提供一种比各门具体科学涵盖范围更为广泛的思辨体系。其二，这种思辨体系能够以一种内在一致的方式表达以下内容：（1）具体的知觉经验，各门科学正是从这些经验中抽象而来；（2）具体体现在实践活动、艺术品和宗教体验中的道德、美学和宗教直觉；（3）过程哲学必须持续不断地进行创造性发展、创造性应用，并对自身进行创造性的修正与完善。它不应被视为一成不变的教条，而应被看作是引导人们迈向更高层次分析与综合的指南，或许将其称为“整合的哲学和形而上学”更为恰当。

从某种意义上讲，我们可以说怀特海完成了康德当年提出的建构科学的形而上学这一历史使命；然而，他所构建的形而上学思辨体系，却是对康德哲学的一种颠覆。倘若说康德的哲学是对古代西方哲学的“哥白尼式的革命”，实现了从古代西方哲学侧重于从本体论角度对客体的研究，向近代西方哲学侧重于从认识论角度对主体的研究的转变，那么，怀特海的过程哲学则将康德的“主体性原则”进一步深化与拓展，不仅认为人是主体，而且所有的现实事物皆为主体。这便是怀特海经过修正后的“主体性原理”。

## 五、学习和研究怀特海过程哲学的现实意义

现代西方哲学宛如一座繁茂的丛林，学派众多，观点如繁星般纷繁复杂。分析哲学与现象学在欧美大学的哲学讲坛上占据着主导地位，诸如尼采、叔本华、罗素、杜威、海德格尔、胡塞尔、哈贝马斯、维特根斯坦等哲学大师，他们的名字好似洪钟巨响，许多国人对他们的思想也颇为熟悉。然而，在21世纪的当下，作为当代中国人，我们为何还要涉足怀特海过程哲学或有机体哲学的学习与研究领域呢？

## （一）生态文明建设视角：坚实的哲学基石

从生态文明建设的视角深入审视，纵观现当代西方哲学的诸多流派以及我国的哲学理论研究，除去马克思主义哲学，怀特海过程哲学或有机体哲学宛如一座闪耀的灯塔，为生态文明建设提供着最为坚实的哲学论证。

习近平总书记将生态文明视作继原始文明、农业文明和工业文明之后的全新文明形态。在我们全力投身社会主义生态文明建设与开启中国式现代化征程的当下，学习与研究怀特海过程哲学或有机体哲学，便具有极为重要的现实意义与理论价值。工业文明向生态文明的跨越，是一场全方位、系统性的深刻变革，宛如一场宏大的交响乐，需要一种与之匹配的系统性哲学理论作为指挥棒。怀特海过程哲学恰恰就是这样一部精心谱写的生态哲学华章，其系统性的理念与生态文明建设的需求完美契合。

## （二）新科学革命驱动：适应时代的哲学探索

新的科学革命宛如汹涌浪潮，正重塑我们对世界的认知，也迫切要求我们学习与之适配的哲学思想。恩格斯曾深刻指出："甚至随着自然科学领域中每一个划时代的发现，唯物主义也必然要改变自己的形式。"19 世纪末 20 世纪初，自然科学领域爆发了一场石破天惊的革命。爱因斯坦相对论与普朗克量子论的诞生，如同璀璨星辰照亮了科学的天空，使得牛顿经典物理学所描绘的世界图景，仅局限于宏观低速领域。在宇观高速的浩瀚宇宙太空，以及微观高速的亚原子神秘世界里，相对论和量子论才是开启真理之门的钥匙。这场科学革命，不仅颠覆了牛顿力学的绝对时空观，让时间与空间不再是刻板的绝对存在，也对传统中惰性且孤立的物质实体学说发起了强有力的挑战。

在这样的科学革命浪潮之下，进化论所揭示的生物进化历程，以及电磁理论展现的磁力自主吸引与排斥现象，都在急切呼唤人们从哲学层面重新勾勒世界图景，树立全新的世界观、宇宙观，其中涵盖了时空观与物质观的重塑。怀特海过程哲学或机体哲学恰似应运而生的时代骄子，它不仅试图构建与进化论、电磁论、相对论和量子论相适应的哲学学说，更怀揣重构“过程—关系—有机”的宇宙进化图景的宏大愿景。尽管过程哲学或许只是对这些科学革命的初步回应，但其探索的大方向无疑如同一座明亮的航标，引领我们前进。在这一基础上持续深化研究，是顺应科学发展潮流的明智之举。反观建立在牛顿力学基础上的现代实体哲学、主体性哲学，包括康德的主体性哲学，各派分析哲学与现象学哲学，以及以福柯、德里达等人提出的解构性后现代主义等，都已难以跟上科学革命的步伐，如同老旧的船只在汹涌浪潮中摇摇欲坠。放眼现代西方哲学的诸多流派，至今仍未有其他哲学学说，能像怀特海过程哲学这般，系统地回应和阐释相对论与量子论引发的科学革命在哲学层面的深刻变革。

### （三）哲学转向引领：紧跟时代的思想步伐

哲学的转向宛如一场思想的风暴，正重塑哲学的版图。正如前文所述，怀特海过程哲学推动西方哲学实现了意义深远的“过程转向”。用恩格斯的话来说，过程思维自19世纪以来，已逐渐融入人们的日常认知，成为一种普遍的常识。那么，与这一转向紧密契合的过程哲学，自然应当成为我们学习与研究的重点对象。怀特海凭借其卓越的才华与深邃的智慧，宛如一位敏锐的思想探险家，率先洞察到这场科学革命背后蕴藏的深远哲学意义。经过长达几十年的深思熟虑、热烈讨论与深入交流，并以“重新发现从笛卡尔开始到休谟为止这个阶段的哲学思想为基础”，为我们精心搭建起名为“有机体哲学”的崭新体系。学习和研究这一学说，如同搭乘一艘快速前行的思想之船，能助力我们紧紧跟上20世纪以来科学与哲学发展的时代节奏，精准把握这个时代所蕴含的精神精华，不至于在思想的浪潮中迷失方向。

### （四）现实危机倒逼：探寻新思维的曙光

自工业革命拉开帷幕，科学发展与技术进步如同两匹奔腾的骏马，极大地推动了社会生产力的飞速发展，社会财富如泉水般源源不断地涌现。马克思曾感慨，资产阶级在不到一百年的短暂时间里所创造的生产力，超越了人类过往生产力的总和。这一巨大成就，使得世界上相当比例的人口成功摆脱了饥饿与贫困，迈入相对富足的中产生活；然而，这一发展进程并非一路坦途，随之而来的是诸多严峻的现实危机。惨绝人寰的两次世界大战，宛如人间炼狱，给人类带来了巨大的伤痛；接连不断的经济危机，如同风暴般冲击着社会经济的稳定；西方社会的信仰危机日益严重，尼采甚至发出了“上帝死了”的绝望呼喊。更为可怕的是，日益加剧的环境灾难与生态危机，如同一把高悬在人类头顶的“达摩克利斯之剑”，核武器与核污染的威胁，随时可能将整个人类文明推向毁灭的深渊。

在如此严峻的形势下，如何挣脱信仰危机、环境与生态危机，乃至整个人类文明危机的枷锁，成为摆在我们面前的紧迫课题。这迫切需要一种与时俱进的思维方式，宛如在黑暗中寻找光明的灯塔。而怀特海过程哲学所倡导的“过程—关系—有机”思维方式，恰似一道穿透阴霾的曙光，在一定程度上能够满足这一急切需求。美国人文与艺术科学院院士小约翰·柯布指出，在20世纪学派林立、纷繁复杂的现代西方哲学学说中，人们之所以唯独对怀特海过程哲学青睐有加，正是因为它作为一种综合性的哲学体系，宛如一把万能钥匙，能够弥补和克服现代西方哲学诸流派将世界二元化和碎片化的缺陷。它让我们得以从整体视角思考人类文明发展的方向与道路，为人类生态文明建设筑牢坚实的宇宙论根基，引领我们在危机四伏的时代中找到前行的方向。

## （五）丰富马克思主义哲学：博采众长的理论发展

结合我国社会发展的实际情况，为丰富和发展马克思主义哲学，了解和掌握怀特海过程哲学具有不可或缺的重要性。我们党和国家始终坚定不移地以马克思列宁主义作为指导思想，这是不容置疑的根本。然而，学术界若要推动马克思主义的丰富与发展，广泛学习、借鉴和吸收全人类的优秀文明成果就显得尤为必要。显然，我们不能仅仅局限于研究马克思主义一家的思想与学说来实现这一目标。当年，马克思和恩格斯正是通过辩证地研究和汲取非马克思主义学说的精华，才发展出了具有划时代意义的马克思主义学说。可以说，马克思主义的源头活水，正是来自非马克思主义学说的滋养。因此，我们绝不能故步自封，画地为牢，仅仅将自己的思想禁锢在马克思主义理论研究的天地里。我们应秉持开放包容的心态，在马克思主义学说的科学指导下，辩证地吸收全人类的优秀思想成果，让马克思主义哲学在与多元思想的碰撞与交融中，不断焕发出新的生机与活力。

## （六）推进中国式现代化：助力发展的哲学智慧

推进中国式现代化建设，加快我国社会主义生态文明建设的步伐，构建人类命运共同体，这些宏伟目标的实现，内在地要求我们深入了解和掌握怀特海过程哲学。中国式现代化这一重大命题，是中国共产党人依据马克思主义普遍原理，紧密结合中国社会发展实际，创造性地提出的重要理念。生态文明更是被我们党和国家提升至中华民族永续发展的根本大计的高度，也被视为人类命运共同体永续发展的根本大计。在以马克思主义作为指导思想和哲学基础的前提下，与马克思主义过程哲学思想高度契合的怀特海过程哲学，宛如一座蕴藏丰富的思想宝库，能够为我们在新时代坚持和发展马克思主义，提供充足的思想养分与理论素材。

回顾历史，第二国际修正主义对马克思主义的机械解读，导致西方社会对马克思主义产生了严重的误解与曲解；而怀特海过程哲学思想及其引发的建设性后现代主义思潮，高度认同马克思主义哲学的世界物质统一性原理，认为在现代哲学派别中，唯有马克思主义哲学旗帜鲜明地坚持世界的客观实在性，坚决反对对现实世界进行唯心主义和机械论的错误解释。因此，学习和研究怀特海过程哲学或有机体哲学，对于我们进一步推进中国式现代化建设与生态文明建设实践，以及深化相关理论研究，具有不可估量的促进作用，能够为我们的伟大事业注入强大的思想动力。

# 怀特海过程哲学的当代意义与价值

小约翰·柯布*

两千五百年前，古印度思想家乔达摩洞见到实体形而上学对本土思想发展的桎梏，他质疑当时盛行的精神修行目标——通过冥想实现“阿特曼”（实体化自我）与“婆罗门”（终极实体实在）的合一，认为这种追求本质上是方向性谬误。佛陀主张：既不存在恒常的“阿特曼”，也不存在作为绝对实体的“婆罗门”，世界本非由固定实体构成。他开创的过程形而上学在印度本土基本上未获重视，却在中国、韩国和日本等国构成的东亚文明圈焕发生机。这背后

---

* 这篇序言是美国科学与人文科学院院士柯布先生（John B. Cobb, Jr. 1925. 2. 9—2024. 12. 26）在年近百岁高龄之际，应《怀特海全集》中文版主编之一杨富斌教授诚邀，专门为中文世界读者撰写的学术寄语。令人痛惜的是，先生未及亲见这部思想巨典的问世便溘然长逝，这不仅是国际哲学界的重大损失，更是中西思想对话史上永恒的遗憾。我们坚信，这部凝聚着怀特海哲学精髓的著作全集，在中国学者们的精心编译下完成出版，恰似将过程哲学的智慧火种播撒在当代中国现代化发展与生态文明建设的沃土之上。当这部承载着文明对话使命的译著面世之时，柯布先生若在天有知，必会为他毕生致力的有机哲学能深度参与东方文明的创造性转化而欣慰——这不仅是思想跨越山海的和鸣，更是人类追求永续发展的时代强音。

的历史机缘究竟何在？

与之形成跨时空呼应的是英国数学家、科学家和哲学家怀特海的哲学思想。基于科学实践与哲学反思，他同样挣脱实体形而上学的束缚，建立起系统的过程哲学体系。耐人寻味的是，这种思想在西方哲学谱系中长期处于边缘，却在汉语语境中展现出更强的解释张力。这种文化适配性的深层机制又当如何解读？

近几十年来的研究使我深刻认识到语言对哲学思维的形塑作用。印欧语系以主谓结构为根基，其语法预设了稳定主语承载多重述谓的可能性。这种语言惯性将语法主语悄然转化为形而上学实体，为实体思维提供了无意识的认知框架。而汉语的动词优先特性则截然不同——动作与事件始终占据表达核心，这种语法特质天然契合过程形而上学的动态世界观。

更深层的困境在于，实体思维的先天缺陷导致西方哲学史陷入自我消解的怪圈。“哲学”本应通向智慧之境，但当代西方哲学认可的“智慧”恰是对智慧本质的否定，这种悖论宣告着传统哲学范式的终结，意味着西方哲学正在“自我毁灭”。更严峻的是，当多数人（包括学者）宣称摒弃形而上学时，实则将潜藏的实体预设于免于批判的特权地位。在印欧语言编织的认知图景中，实体化存在被视为不言自明的思维基础。

这种隐性支配正在瓦解科学认知的整全性。当代科学虽在各领域取得技术突破，却丧失了知识统一性的追求。

量子场论与经典物理的深层矛盾、数学公式的可操作性与其可理解性的割裂，无不昭示着实体思维框架的失效。当科学沦为工具理性的附庸，对智慧的追寻便从学术殿堂悄然退场。

这种认知危机直接冲击着大学的精神根基。当前高等教育将职业适配性作为唯一准绳，这实质上消解了大学培育智慧的核心使命——若仅止于技能培训，专业院校显然更具效率。但倘若我们重拾以人的全面发展为导向的“全人教育”理想，怀特海的思想体系将提供丰厚的思想资源。未来文明史的书写者或许会发现：当现代哲学步入黄昏之际，少数智者正在建构使科学重获意义、为文明奠基的新形而上学。这些曾被学术建制排斥的思想，终将被确认为维系地球生态与人类社会的精神基石。

在文明转型的十字路口，当西方挣扎于突破语言桎梏时，汉语世界或能更自如地接续怀特海的思想火种。这种融合中国佛教智慧与过程哲学的新科学范式，要求我们不是抽离而是更深地浸入历史长河。或许在这里，将孕育出既能解释量子纠缠，又能安顿心灵的时代智慧。

我的印象是，尽管中国有着自身独特的文化、语言与传统，但中国的一些现代大学如今却在沿用一种正在把真正的教育拖入泥沼的碎片化思维模式，摒弃了智慧。不可否认，这些大学在推动技术进步方面确实能发挥作用，技术进步的重要性也不言而喻；然而，孔子所代表的那类智慧，却正逐渐消逝。

我始终怀有这样的教育理想：中国高等教育体系或可设立专项研究机构，借鉴美国“批判性智慧”范式对根本性命题进行追问。这种构想的紧迫性在于，当前一些将大学引向虚无主义的预设，本质上与中国文化基因及当代社会发展需求存在深刻断裂。在保持现有职业培训体系服务特定领域的同时，我们完全有能力创设新型教育空间——既为中国青年提供安身立命的人生智慧，又为文明存续培育精神根基。

必须强调一点，中国无须一切从零开始。在主流学界之外，早有先行者开辟出多元思想路径；我们当中那些被美国现代大学体系拒之门外的人，一直以来都在进行着卓有成效的思考。除了在大学里教授且主导着政府决策以及国际政策的传统经济学之外，我们还有生态经济学、甜甜圈经济学、共同体经济学等其他经济学理论，并形成了完整的知识谱系；在农业领域，突破单一工业化模式的有机种植实践已悄然生长；城市规划方面，保罗·索莱里等先锋建筑师的生态营造理念正在重塑空间逻辑；在教育系统，以学生为本位的创新项目正在持续挑战实体思维主导的认知框架。这些探索与中国当前引领的生态文明建设形成深层共振——当全球仍困囿于技术至上主义与增长迷思时，东方智慧已展现出超越性视野。

怀特海过程哲学在中美文化创造性转化中的思想效能日益显著。需要警惕的是，若缺乏整体性价值坐标，所有创新尝试终将沦为分散的探索。而以怀特海有机哲学为基石的生态文明范式，恰能为人类提供兼具可持续性与人文关怀的文明选择。在这关乎物种存续的转型征程中，中国完全有能力为人类文明转型树立典范：让大学不仅是职业训练场，更是滋养生命意义、培育文明自觉的精神家园。

当代哲学、文化形态、教育体系及科学范式的深层危机，皆可追溯至现代科学范式中那个被绝对化的预设——对亚里士多德目的因的系统性驱逐。中世纪自然哲学过度依赖目的论解释虽确曾阻碍实证研究发展（如满足于器官功能的表象认知），但 17 世纪科学革命在否定目的因的同时，也将人类置于自然界的对立面。虽然这种基于动力因的机械论范式在特定历史阶段释放出巨大认知潜能，却埋下了主客二分的隐患。

达尔文进化论带来的范式革新本应开启新的可能性：将人类重新纳入自然谱系，促使学界反思生命行为的意向性特征。从动物行为学研究到生态学观察，大量证据表明目的性活动绝非人类独有。然而科学共同体仍固守发轫于 17 世纪的形而上学教条，这种认知惯性已演变为阻碍真理探索的桎梏。更具讽刺意味的是，科学家在否定自然目的论的同时，其研究行为本身却无时无刻不在践行目的导向——这种知行断裂暴露出机械论范式的根本缺陷。

怀特海的过程哲学为此提供了突破路径。他创造性重构目的因概念，主张每个现实存在都包含着对多种动力因进行综合的原初目的。这种目的论预设并非拟人化投射，而是解释宇宙复杂性的必要范畴。从单细胞生物的趋光性到人类的价值抉择，目的性呈现为连续性的存在样态。可悲的是，主流科学界对此的拒斥恰恰印证了自身向机械教条的退化——当学科分野取代整体性认知时，科学已异化为其反对者的模样。

怀特海承认，所有事件都有目的，至少目的在很大程度上是对构成事件的动力因的综合。当然，关于如何做到这一点的决定在人类身上要比在单细胞生物身上复杂得多。西方现代科学家们拒绝考虑怀特海的解决方案，这表明了真正的科学似乎已不复存在这一事实。它已被多种学科所取代，没有一种学科对许多科学家所认定的荒谬的科学立场负有责任。

对于作为宗教哲学家的我来说，宇宙目的论问题始终具有终极意义。尽管经典科学尝试将生命现象归约为动力因链条（如将眼睛简化为光学仪器），但当代宇宙学发现的“人择原理”指向新的可能：宇宙常数惊人的微调精度，暗示着某种引导生命涌现的深层秩序。很长一段时间以来，科学的进步似乎表明，在自然界中许多看起来有目的的东西都可以用动力因来解释。然而，近年来，科学家们发现，宇宙经过精心调整，允许生命的出现。这似乎意味着，在宇宙层面上，有一个鼓励生命的目的。这表明世界上有一种有目的的精神在起作用。在过去一个世纪左右的时间里，权威科学家强烈地反对任何形式的有神论。因此，他们坚持认为，我们宇宙的这种显著特征是一种偶然现象。为逃避目的论回归，某些科学家甚至诉诸缺乏实证的多元宇宙假说——这本质上是以无限增殖的实体性假设来维持机械论范式的合法性，其逻辑脆弱性已日益显现。

这些科学学家们意识到，若单一宇宙的特定参数稍有偏差，生命便无法存在。将这种精密调适归因于“偶然”显然难以服众。于是他们提出：我们的宇宙只是多元宇宙中的沧海一粟。这种理论宁愿假定存在无数未经证实的实体，也不愿接受可被概念化的宇宙精神。尽管尚未形成完整体系，多元宇宙论已被许多人视为科学范式。

然而该理论存在根本困境：“多元宇宙”概念本身就包含矛盾。若各宇宙遵循相同物理法则，生命出现概率并未因此改变；若各宇宙参数随机分布，如何解释我们恰好身处宜居宇宙？更关键的是，这种假设本质上仍是机械论思维的延伸——试图用无限可能性消解目的论，却陷入新的形而上学独断。

科学的本质在于基于证据的探索，而非预设立场的否定。怀特海的宇宙论揭示：宇宙秩序不仅是生命存在的前提，更是促进其演化发展的动力。将一切归因于偶然，实为对机械论形而上学的盲目捍卫，违背了科学精神。

怀特海提出的“原初目的”概念，为理解宇宙演化提供了新维度。每个事件都包含着趋向更高价值的内在冲动，这种目的性与海德格尔在人类存在的现象学分析中揭示的“向死而生”的存在论结构形成有趣呼应。这提示我们：生命进程可能与某种宇宙精神存在深层共鸣，这种精神正通过我们的创造性活动，引导文明远离自我毁灭的歧途。

在科学探索中，我们应当保持开放态度。当现有理论陷入解释困境时，或许需要重新审视目的论的合法性——这并非对科学理性的背离，而是对宇宙本质更深刻的追问。

像当代科学家一样，海德格尔是一位无神论者。他曾指出，我们并不是被他人呼唤而来，而是自我召唤而来的。因此，他的观点能够被学术界所接受。然而，如果我们关注自身的经验，便会发现一种似乎来自外部的拉力、诱惑或召唤。怀特海允许我们通过感受来理解经验，而不是将其强行纳入一个不相容的信仰体系。

将科学与先天地否定这种观点及其相关经验等同起来，使得科学与某些精神之间的和谐变得不可能。怀特海对这种可能性的开放态度并未使他偏离科学家的身份。作为科学家，我们不应让自己的思想封闭、固守教条或忽视证据。

科学在广义相对论和量子理论方面的崩溃，长期以来一直表现出这种情况。这两项成就是科学家们引以为傲的截然不同的成就。然而，在科学的早期阶段，往往存在一种冲动，试图以一致的方式表述它们。可悲的是，由于这些理论在大学中被划分到不同的学科进行研究和讲授，探究它们的不兼容性并不是任何人的责任或焦点。怀特海的理论能够同时涵盖这两方面，但由于真正的“科学”似乎已经不复存在，西方的大学中已没有人真正关心它。

我想补充一个理由，说明实体主义科学已分裂成互不连贯、导致严重错误的部分。科学共同体已说服全世界，声称宇宙正在膨胀，科学家们可以追溯到大爆炸的起源。

虽然这一猜测可能最终被证明是合理的，但目前尚未得到证实，反对现有理论形式的大量证据仍未得到解释。在这种情况下，宣称一个理论有希望是可以接受的。然而，将其作为对特定现象的科学解释呈现给世界，则是不可接受的。

简单来说，光线红移的发现需要一个合理的解释。一种解释是宇宙在膨胀，而研究和发展这一可能性是良好的科学。然而，红移现象也可以用光线在远距离上变慢来解释，这一可能性却被忽视，甚至遭到嘲笑。这并不是正确的科学态度。

或许，优先考虑膨胀的最大理由在于它能够解释宇宙背景噪声。我猜测，大多数替代理论并没有提供这种解释。到目前为止，一切似乎都很顺利。

然而，事实证明，科学家对膨胀的预测导致了不可接受的结果。如果宇宙中的质量和能量比以前计算的要大得多，这些问题就可以避免。这些质量和能量无法被发现，却被假定存在。它之所以被称为“暗的（暗物质或暗能量)”，是因为没有人期望能找到它。这一说法拯救了这个理论。然而，仅仅为了使理论成立而假定没有证据的事物是实在的，这并不符合经验科学的标准，通常也不会被认可。

用于这一目的的数学被用于确定大爆炸的日期。与此同时，望远镜被放置在适当的位置，以便向我们展示更接近宇宙大爆炸的日期，期望能看到一个更小、更年轻的宇宙；但事实并非如此。望远镜向我们展示的宇宙与我们自己的宇宙非常相似，并不支持这种宇宙膨胀模型。

一些科学家已经形成了这种消极的判断。然而，主流科学界希望找到能够使理论与事实相一致的解释；也许他们会成功。

作为一个局外人，我知道支持或反对这些理论的判断是基于我无法理解的东西；但我认为，主流科学界忽视了等离子体。爱因斯坦认为大部分空间是真空，并假设在真空中光速是恒定的。一个理论家怎敢反对这位大师呢？

现在我们知道真空并不存在。爱因斯坦也知道，当光线穿过水或玻璃时，它的速度会受到影响。光线是否会受到穿过等离子体的影响应该是一个经验问题，而不是由爱因斯坦认为空间可以完全空无一物的说法所决定的。

我坚信，没有最好的理论。科学的碎片化导致主流科学界忽视了一个重要的领域，即对等离子体的研究。如果一个理论预先承诺忽视等离子体，那么它就不再是科学。

除了强调碎片化对科学的破坏之外，我还想指出，对物质与能量的三种（非等离子体）状态的偏爱导致了与事实相反的观点。许多科学家仍然认为能量是物质的函数，但我们早已知道，**没有物质的地方也有能量，光子就是最著名的例子。另一方面，能量无处不在，从常识上讲，能量比物质更为基本。**

尽管如此，许多科学家仍然主张物质至上。我们仍然被教导：能量是质量乘以光速的平方。这错误地暗示，没有质量的地方就没有能量。**从形而上的物质至上转向形而上的能量至上，将是根本性的变化，它将会支持从实体到过程的形而上转变**。在这方面，阻力依然巨大。

可悲的是，当科学不再以科学的方式运作时，它却成功地消除了其他形式的探究。我特别想到历史。严格来说，科学是用来理解世界上可重复的元素的，而独一无二的事件不是科学讨论的对象。当然，不可重复事件的各个侧面是可重复的，因此科学可以对此给出解释；但在日常生活和法律事务中，判断的基本方法是找到最可信的故事。

假设你那处于青春期的儿子告诉你，他整个下午都在家，而邻居说他在邻居的财产上搞了一些恶作剧。邻居可能是在向你索要修理他声称是你儿子损坏的东西的钱。你如何判断谁说的是真话？你可能需要关于这两个故事更详细的信息。你与儿子和邻居的过往经验都是与此相关的，而如果向科学家求助，则不太可能有帮助。最终，你将根据其他故事的可信性和讲述者的可信度做出决定。对父母来说，**做出正确判断所需的智慧是极其重要的。**

这种智慧在法庭上、在对时事的判断和历史研究中同样重要，它与实验室测试或其他科学技术有很大不同，但广泛利用了科学所掌握的事实。另一方面，我对近期科学的批判表明我对科学历史判断的使用。科学方法与历史方法实际上可以最佳结合。**人类所需的智慧应建立在科学认识与历史认识相结合的基础上。**

在美国的大学中，历史思维正在遭到贬低，甚至被消除。即使是关于发生事情的决定，唯一被允许的证据也仅限于可重复的元素。对过去的研究现在被视为社会科学的延伸，而不是真正的历史。在大学里，越来越多的人认为科学是获取事实的唯一途径，他们不尊重我所描述的必要判断。

在专业学校，尤其是西方的法学院和管理学院，仍然有关于如何形成历史判断的教学；但在其他地方，历史研究几乎荡然无存。过去，大多数科学家对科学史略知一二；而现在，大多数科学家从未以这种方式研究过科学。

那么这一切与《怀特海全集》有什么关系呢？我想指出，使怀特海的思想能够被人们阅读和运用具有特殊的重要性。非科学的科学主义在美国大学中赢得了胜利，这无意识地信奉误导性的形而上学，造成了可怕的后果。它对学生的心理伤害和未能为社会服务，正在迫使人们重新思考。如果这不能带来根本性的改变，我们都将面临巨大的损失。

可悲的是，我们在佛教的例子中看到了语言在决定形而上学方面的强大力量。乔达摩自己国家的人民未能真正欣赏他的思想；而我希望，实体思维所导致的日益混乱，能够为怀特海的思想在美国的科学、文化和教育领域打开大门。然而，也许这只会导致更糟糕的局面，或许说英语的人注定要接受一种破坏性的形而上学。

而中国则有机会。中文不会促使说这种语言的人生成“实体思维”，它的文化更倾向于优先考虑过程。中国可以带头批评从美国传来的“舶来品”，并重建中国大学的教育体系。他们可以打开各种证据的大门，主要关注学生和社会的需求，寻求思想的连贯性和真正的智慧。如果中国的大学过于盲从美国的大学而无法做到这一点，也许可以发展其他机构来为学生和社会服务，努力实现连贯的思想，考虑所有证据，纳入所有必要的判断形式，并保存智慧。

怀特海不仅仅是众多有趣哲学家中的一员，他还为那些寻求智慧的人提供了新的开端。怀特海对现状的突破如同探索中世纪哲学思想的笛卡尔一般激烈；但笛卡尔的形而上学使我们陷入一种“病症”，深深地伤害了我们；怀特海的形而上学则可能会治愈我们。如果这套著作的出版能推进这种可能性，它将具有真正的历史重要性。

**主编：杨富斌**

2025 年 3 月 5 日

# 激发并引导学生的自我发展

《教育的目的》汇集了怀特海的十篇演讲论文，于1929年出版，现已成为一部有关教育思想的经典，在全世界产生了深远的影响，仅中译本就有十多个版本。

那么，为什么还要再译一个版本呢？

首先，该译本被收录到由杨富斌教授和郭海鹏教授合作主编的《怀特海全集》，构成一个系列，并有幸由中央编译出版社出版。期望与《全集》系列内的其他著作构成一套完整系列，以其系统性的特点向读者奉上。

其次，经典原著从来不拒多种译本。每个译者基于其对原文的理解各有独特译法，各显侧重及偏爱。译本多了，方可供读者相互参照，选取最接近原典的译文，从而也增加了自己的理解，由此可望达及文本原意而不致过分偏离。

再次，现有译本出版已久，为学界做出了重要的贡献，惜乎不是全译本，仅选原著之七、八。本译本不揣浅陋，把原著的十篇论文都译了出来，同时也斗胆提出自己的一些译法，以供读者比较、选择和思考。

正如怀特海所言："大学存在的理由是，它将年轻人和成年人团结在一起，通过学习，通过富有想象力的思考，使知识与生活激情之间的联系得以保持。”① 不同的译者，可能处在不同的年龄，有不同的知识结构和专业经验，因而有不同的想象力，大家围绕同一本原著进行二次创造，助力读者发挥自己的想象力去开展进一步的创造，这难道不就是在实践怀特海的这种教育理念吗？教育是活生生的，翻译也是活生生的，译文应当在作者、译者、读者之间保持活力和互动，形成一种有机的联系，推动智慧的生成，形成对美与高尚情操的传承。

## 一、《教育的目的》的基本内容

全书系统阐述了怀特海关于教育的本质与目的的丰富洞见，微言大义，妙语连珠。兹谨采撷一二，小心重构，选取其基本内容的六个方面，惟愿读者先睹为快：

### （一）核心理念

教育的根本目的在于激发并引导学生的自我发展。学生是活生生的学习主体，教育应激发其创造力与自主性，帮助其找到适合自身节奏的成长路径，创造积极的智慧。人自幼就能体验到发现的快乐，通过自己发现的那些一般观念，才得以理解其生活中涌现的诸多事件。因此，有价

① Alfred North Whitehead, *The Aims of Education and other essays*, The Free Press, 1929, p. 93.

值的智育就是自我发展。由此推论，教师也应该是活生生的思想者。教育就是要培养既有文化又有专业知识的人才，专业知识是起点，而文化引导学生向如哲学之深邃处与如艺术之高雅处挺进。

教育是要帮助受教育者掌握能够应用的观念。教育必须传授对观念的力量、观念之美、观念结构的密切感受，以及特定的知识体系，这种知识体系实际上是对拥有它的人的生活的特殊观照。要将其与一连串复杂的感知、情感、希望以及思维等心智活动关联起来，要根除课程之间那种有害的脱节。教育是一个需要耐心掌握细节的过程，还要让学生既见树木又见森林，让教育表现出当下生活的方方面面。

教育是要促使学生珍爱当下。当下是神圣的基础，它是既往，也是未来。怀特海说，“对当下的诋毁，就等于对年轻心灵的戕害。”① 常言说，要活在当下，怀特海更强调对当下的珍爱。事实上，当下并非孤立的一个片段，而是整合了过去与未来。为此，在现代生活条件下，每个民族必须重视教育，重视当下，否则注定是要灭亡的。随着科学的突飞猛进，今天的保守和止步不前，意味着明天就会落伍，届时受到时代的“判决”，连“上诉”的机会都没有。

① Alfred North Whitehead, *The Aims of Education and other essays*, The Free Press, 1929, p. 6.

## （二）教育三阶段论

**生命在本质上是有周期的。**怀特海受到黑格尔哲学启发，将教育周期划分为浪漫阶段（感知与兴趣培养）、精确阶段（系统学习与技能掌握）、综合阶段（实践与创新）。他主张各阶段需要匹配不同的教学方法，要避免机械式的推进。其基本原理在于，应该适应学生的智力发展阶段，在适当的时间开设相应的课程，并采用适当的学习模式。如果缺乏对学生心理成长的节奏和特征的关注，就会导致学习懈怠而无效。

**浪漫阶段是进入理解的开端。**学生对直白事实的感受是学习的开端，并因而开始意识到它们的存在，进而意识到其中那未被探知的关系的重要性。面对所理解材料具有的新颖性和生动性，学生会感到兴奋，怀特海称其为浪漫。在这个阶段，知识不受体系的支配，它本身包含着各种联系与可能性，对于学生而言，似乎一瞥即见，又似乎为物所遮蔽。

**精确阶段意味着把握知识的细节及其精确性。**随着适合进行分析的事实逐步增加，这些事实揭示了具有广泛意义的可能性观念。学生按照体系的顺序而获得这些事实，并对其展开分析，从对事物之间关系之广度的注意，转移到对事物精确性的把握上来。怀特海认为，精确阶段就是经由对细节性精确知识的获得而逐渐理解原理的阶段，这是语言语法以及科学语法的舞台。[①]

**综合阶段标志着对知识的运用和创新。**在这个阶段，学生逐渐增加了分类观念和相关技术的优势，这是对浪漫主义的回归，同时也是摆脱细节和对精确训练目标的实现，使细节退回到潜意识的习惯之中。因此，教师应该引导学生从一般观念出发，研究其在具体事例中的应用，对广泛的共性进行研究，对原理加以积极地运用。这并不是一个脱离具体事实的抽象行为，而是强调对具体事实的研究，以至于说明一般观念的范围。

怀特海明确地指出，学生们在十三四岁前处于浪漫阶段，在十四岁到十八岁处于精确阶段，在十八岁到二十二岁则是处于综合阶段。这三个阶段在教育周期中贯穿始终，存在一种交替性的主导，正是这种交替构成了教育的周期。

### （三）反对填鸭式教学

**教育不等于让学生被动接受知识灌输。**知识一旦成为“惰性观念”，即成为“死知识”，而仅仅被搁置在大脑里未加运用、未加检验，不能投入到生动的联系中，那么，就会导致信息过载。怀特海说：“在神圣的大地上，一个人如果仅仅信息灵通，那是相当无聊的。”[②] 所以，这样的教育

① Alfred North Whitehead, *The Aims of Education and other essays*, The Free Press, 1929, p. 18.

② Alfred North Whitehead, *The Aims of Education and other essays*, The Free Press, 1929, p. 1.

不仅无用，而且有害。

**陈腐是导致教育失败的主要原因。**陈腐重新束缚了人性，让学生们的思维变得麻木。为避免思想僵化，怀特海提出两条教育戒律：“课程无须过多”以及“教则务必透彻。”① 即，所传授的主要观念要少而精，应当给这些观念建立起各种联系，在实际生活环境中理解其应用。要对教育实践进行反思，对构成其内容的主题之意义进行批判性分析。

怀特海特别强调批判传统教育将知识碎片化，反对僵化式教学，主张引导学生从细节中理解整体，培养批判思维与全局视野。

### （四）技术教育与人文教育的平衡

**教育有人文修养、科学修养和技术修养三条主要路径。**如果沿此前进，并行不悖，那么，就很有希望达到智育和性格的最佳平衡。反之，如果只重其一，必然会导致智力活动和性格修养机会的严重丧失。当然，如果仅仅机械地将这三类课程混合起来，其结果也不理想。因为，那样只能产生互不联结或难以运用的信息碎片。所以，要将这三条路径协调一致，也就是说，一定要维护占主导地位的重点路径，同时在每一种教育方式中注入其他两种教育方式的一部分，避免教育沦为某种单一方式的训练工具。

---

① Alfred North Whitehead, *The Aims of Education and other essays*, The Free Press, 1929, p. 2.

**没有价值判断，就不会有科学。**虽然价值判断不是自然科学知识本身固有的，但却是人类产生科学研究之动机的一部分。人类进行科学研究，是因为其认为这是值得的，这是一种有意识的选择。这一行为所涉及的价值可能是审美的、道德的或功利的，也就是对结构之美、对探索真理的责任或对满足物质需求的效用等进行的判断。科学教育的独特优势是，它将思维建立在实地观察的基础上。而技术教育的相应优势是，它遵循我们内心深处的自然本能，将思维转化为手工技能，又将手工活动转化为思维。技术教育还将行动和思维的经验协调起来，将思维与预见和成就联系在一起，并提供对理论的洞察。

**文学和艺术在文明发展中发挥着重要作用。**怀特海认为，它们对经济生产的贡献，仅次于睡眠和食物。[①] 因为，它们作为健康生活的一种条件，有点类似于物质世界中的阳光。所以，在各民族之间的竞争中，决定胜负的最终因素在于工场而不是战场，而胜利将属于那些在精神力量方面训练有素的强者。[②] 人文教育在智育与人格培养中占有重要地位，学生们只有通过对古典文化、语言的深入学习，才能在逻辑、哲学、历史和对文学美的审美鉴赏等领域发展自己的思维。怀特海认为，道德教育与审美体验密切相

① Alfred North Whitehead, *The Aims of Education and other essays*, The Free Press, 1929, p. 58.

② Alfred North Whitehead, *The Aims of Education and other essays*, The Free Press, 1929, p. 58.

关，只有亲历伟大崇高，才能为道德教育奠定基础。① 因为，伟大崇高是直观的，而非通过论证得来的。

总之，对各类知识的选择、处理、运用，以及借此来增加学生对当前经验的价值感，这就是智慧。智慧在本质上是掌握知识的方法，是人可以获得的最根本的自由。

### （五）发挥逻辑的思维组织功能

**科学在本质上是逻辑性的**。没有逻辑，就没有科学。因为，科学是对经验进行思维上的组织，科学所唤起的思维是逻辑思维。逻辑方法有一个重要用途，就是指导我们研究科学主要概念的形成，而概念之间的联系就是一种逻辑联系，逻辑就是其主张的依据。根据相关逻辑训练，人能够以积极的态度去思考事件中已知的、直接观察到的事实。这种心智活动，需要对抽象逻辑关系进行直接研究才能充分发挥其作用，这种研究就是应用数学。

**观察与逻辑相辅相成**。若观察无逻辑，或逻辑无观察，那么，科学就难以前进一步。怀特海对此打了个比方，把人想象为处于“青年”与“老年”两个阶段之间两败俱伤的冲突之中，其中“青年”意味着创造性冲动，而“老年”意味着避免犯错。那么，逻辑就是“老年”向“青年”伸出的橄榄枝，而“青年”手中的魔杖具有创造科学的魔力。所以，如果逻辑运用得当，它非但不会束缚思维，反而会

① Alfred North Whitehead, *The Aims of Education and other essays*, The Free Press, 1929, p. 69.

给人以自由和勇气。

**没有一般化，就没有推理；没有具体化，就没有重要性。**怀特海把逻辑分为两种，一种是发现的逻辑，另一种是被发现的逻辑。发现的逻辑在于对可能性的权衡，它抛弃那些被认为是不相关的细节，推测事件发生的一般规律，并通过设计合适的实验来检验假设。这就是归纳逻辑。而被发现的逻辑是对特殊事件的演绎，这些特殊事件的发生与所假定的自然规律具有一致性。因此，当这些规律被发现或假定时，它们的使用完全依赖于演绎逻辑。没有演绎逻辑，科学将毫无用处。如果仅仅从特殊上升到一般，那将只是一场徒劳的游戏，所以我们还要从一般下降到特殊，应当使上升到下降都很自如。没有演绎逻辑，就不可能有归纳逻辑。推理的基本过程，就是对具体的东西进行概括，然后再把一般的东西进行具体化。

### （六）大学的社会职能

**大学是学者们的集散地。**怀特海认为，通过富有想象力的教育，年轻学生和成年学者在大学里将求知与生活激情协调起来，推动了学术自由与创新，服务于社会进步。想象的本质就在于，通过引出适用于事实的一般原理，然后对与这些原理相一致的其他可能性进行理性考察。所以说，想象并不是脱离事实，而是阐明事实的一种方式。通过想象，能够建构一个具有理性愿景的新世界，能够设定一个理想的目标来保持对生活的激情。怀特海强调，要把想象力和经验融合在一起。而世界的可悲之处正在于，有想象力的人缺乏经验，而有经验的人缺乏想象力。其结果就是，愚人没有知识，只凭想象行事；学究没有想象力，只凭知识行事。

**大学应该是探险之家。**教育是对人生探险的训练，研究则是理智的探险。成功的教育所传授的知识，必须始终具有一定的新颖性。对此，怀特海有个非常生动的比喻，他说，“知识像鱼一样难以保鲜。”① 因此，知识要么本身必须是新的，要么必须被赋予某种新颖性，以应用于新时代、新世界。而老一套的知识，或者一些古老的真理，必须以某种方式来到学生面前，就像它们刚刚从大海中被捞出来一样，带着一种直接的重要意义和新鲜感。

**大学要培养学生们富有想象力地去获取知识。**大学传授知识，要通过丰富的想象力去传授。只有通过富有想象力的思考，从而营造兴奋的氛围，才能推动知识的转化。由此，事实就不再是赤裸裸的事实，而是被赋予了所有的可能性。它不再只是承载着记忆，而是充满了活力，变成为我们激发梦想的诗人，和为我们搭建目标的建筑师。

**大学要提供一支用想象力照亮学习的教师队伍。**这是大学教育中的重中之重。在大学里，教育和研究这两种职能结合在一起，为建立一支高效的教师队伍提供了条件。鼓励研究，鼓励师生互动，才能激发教师的想象力。面对

---

① Alfred North Whitehead, *The Aims of Education and other essays*, The Free Press, 1929, p. 98.

活跃的、可塑性极强的年轻心灵，教师在传授知识时应知无不言，言无不尽。年轻的心灵通过与那些具有理智探险经验的心灵相接触，有利于其理智成长得更加圆满。如果仅用署名的印刷品来评估一位教师的价值，那是一种很大的错误。

## 二、《教育的目的》的哲学基础

《教育的目的》与《过程与实在》是同一年出版的，它们虽然在处理不同的问题，但显然都有一个相同的哲学基础。可以说，前者是对后者的一种具体性说明和例示，而后者则是对前者的一般性概括和抽象。正如怀特海所言："哲学的任务就是要说明如何从比较具体的事物产生比较抽象的事物。"① 两相参照，可以更深入地理解怀特海的哲学观念和教育思想，读者甚至可以从对《教育的目的》的阅读和研究中总结出一套教育哲学来。

**首先，教育的对象是"有机体"**。学生是活生生的个体，至少从"有机体"这个角度来看，学生不可能仅仅是被动地接受理性的知识。学生有自己的感知、思维、情感等方面的直观形式、经验和范畴等，因此，在受教育过程中，学生会经历非常复杂的获取、整理和创造信息的环节，这些环节构成了一个有秩序、有规律的系统。对这样的对

---

① ［英］阿尔弗雷德·诺思·怀特海著，杨富斌译：《过程与实在》，中国人民大学出版社 2013 年版，第 24 页。

象施予相应的教育，就必须遵循现有的秩序、规律，然后因势利导，因材施教，才有可能实现既定的目标。

**其次，教育是个过程。**这要求我们要以历史的角度看待教育，进行过程性的把握，按照相应的年龄、时段、时间节点等推行相应的教育活动。怀特海提出的浪漫、精确、综合三阶段说很有启发意义，可以在此基础上进一步细化，针对不同的学生和课程设计相应的教学重点和难点，以期循序渐进。

**再次，教育是处在各种关系中的。**教育既有内部各要素之间的各种关系，也与整个世界、社会的相关要素存在千丝万缕的联系，因而应当对教育有一种关系性、结构性思维，促进教育的良性循环。比如，就教育系统内部而言，情感教育对于理智教育具有前提性作用，审美教育对于道德教育具有基础性作用；就教育系统外部而言，政治、经济、文化、科技等方方面面的发展现状，国家、社会、市场对人才的现实需求等，无不构成对教育本身的影响因素。

此外，怀特海提出的创造性原理、范畴体系、主体性原理、符号参照等等哲学概念以及诸多判断、命题等，都是构成其教育思想的哲学基础要素。如能将这些要素与教育具体地结合起来，就有可能会针对教育领域的相关难题提出相应的解决方案。这些都需要教育工作者对具体问题进行具体分析，是一个长期而艰难的过程。

## 三、《教育的目的》的现实价值

立足当下，在这个智能时代，阅读《教育的目的》有什么现实价值呢？提出这个问题并思考其答案，也无异于是一次“观念的探险”。教育的目的在于“立德树人”，为此，教育工作者可能需要有“春风大雅能容物，秋水文章不染尘”的气度、风度和温度。

在怀特海生活的时代，西方的工业文明仍呈辉煌之势，但教育领域的诸多积弊早已凸显。如传统的智慧教育演变为知识教育、应试教育，知识碎片化、惰性化以及信息过载，重科技教育而轻人文教育，等等。怀特海不仅提出相应的批判和分析，而且提供了对策和方案。当今世界，这些问题并没有得到完全解决，甚至有增无减，因而阅读《教育的目的》依然有现实价值。

言有尽而意无穷。无论怀特海当时书写著作时所运用的英语，也无论中文译者所运用的汉语，它们只是文本、符号，只是助力读者登高的梯子罢了。梯子固然重要，但是，唯有登高才是目的。怀特海说：“人类对经验事实的普遍认同可用语言给予很好地表达。”① 在作者、译者努力通过运用尽量准确的语言进行表达之后，相信读者自然不会执着于语言本身，而是以自己的智慧参与其中，竭力去探

---

① ［英］阿尔弗雷德·诺思·怀特海著，杨富斌译：《过程与实在》，中国人民大学出版社 2013 年版，第 13 页。

寻“对经验事实的普遍认同”。若如此，也许可以稍稍减轻本书译者的忐忑和惴惴了。

人类的教育源远流长。受现代工业文明影响的教育，与受当代信息科技影响的教育相比，前者侧重培养整齐划一的同质化人才，后者侧重培养特色多样的个性化人才。但它们的共性是，必须从人本身出发，立足于人的社会关系本质和文化传统，在社会历史发展的广阔视野中进行筹划。只有顺应教育自身规律，平衡当下需要与未来发展要求，协调科学教育、技术教育与人文教育，积极主动推进教育的不断改革与创新，才能适应人类的历史进步，达及人类的教育目的。怀特海认为：“人类社会知识观的任何重大的、根本的变革，都必然伴随着一场教育革命。”① 所言之事，恰似当下之写照。

《教育的目的》强调教育应回归“人的培养”本质，其教育理念正在对教育改革产生深远影响，尤其可为“素质教育”提供理论支持。这本著作的标题所提出的问题——教育的目的，也促使一代又一代教育工作者不断反思教育的真正目的到底应当是什么，或许这也是这一部伟大的教育哲学著作的无穷魅力之所在。

陈伟功

2025 年 3 月 31 日

---

① Alfred North Whitehead, *The Aims of Education and other essays*, The Free Press, 1929, p. 77.

# 序　言

本书聚焦于教育的智力维度。一条核心理念贯穿全书各章，并从不同视角予以深入探讨。简而言之：学生充满生机与活力，教育的目的在于激发和引导他们的自我发展。由此出发，必然得出一个推论——教师亦应怀有活跃的思维。全书是对僵化知识的抗议，即对那些惰性观念的批评。除第九章外，各章节均曾在各类教育组织和科学社团的会议上以演讲形式呈现。它们是实践经验的结晶，是对教育实践的深思熟虑，以及对教育内容主题意义的批判性分析。

书中对教育体系的讨论主要围绕英格兰展开。该国教育体系的成败与美国存在差异，但这些讨论仅作为例证，其背后的普遍原则同样适用于两国。

这些演讲中最早的一次发生在 1912 年，面向在英格兰剑桥召开的国际数学家大会的教育分会；最新的一次则在 1928 年，于马萨诸塞州坎布里奇的哈佛大学商学院发表。本书的第一章、第四章、第六章、第八章、第九章和第十章已收录于我的著作《思想的组织》（伦敦威廉姆斯和诺盖特出版社，1917 年）。第二章《教育的节奏》亦曾单独成册出版（伦敦克里斯托弗出版社，1922 年）。在此次再版中，虽有所删节，但未做其他改动。特别是，本书最后三章，在经过适当删减后，与 1917 年的版本保持一致。它们不应被视作对我自那以后著作的评论，而应理解为相反的关系。

我要向《希伯特杂志》的编辑表示感谢，感谢他们允许我再版第十三章《自由与纪律的节奏性要求》和第五章《古典文化在教育中的地位》；同时，也感谢《大西洋月刊》的编辑，感谢他们允许我再版第七章《大学及其功能》。

**阿尔弗雷德·诺思·怀特海**

1929 年 1 月于哈佛大学

# 目　录

CONTENTS

# 第一章
# 教育的目的

文化不仅仅是思想的活动，也是对美和人文情感的深刻接纳，而那些零散的信息则与文化毫无关联。一个人如果只是拥有广博的知识，掌握许多零散的信息，那他就有可能会成为这个世界上最无用且令人不悦的存在。我们的目标是要培养在特定领域既拥有文化素养又具备专业技能的人才。他们的专业知识将为他们提供坚实的基础，而他们的文化素养则会使他们的思维如哲学般那么深邃，如艺术般那么崇高。

我们必须铭记，真正有价值的智力成长乃是自我发展的过程，这一过程主要在16岁到30岁之间发生。而在这一过程中，最为关键的培养往往是在12岁之前由母亲传授的教养所塑造的。大主教坦普尔①的一句名言恰好阐释了我的

① 译者注：弗雷德里克·坦普尔（Frederic Temple，1821—1902年），英国教育改革家，曾任牛津大学讲师和拉格比公学校长，在拉格比公学增设历史学、科学、音乐等课程。1896年起任坎特伯雷大主教，成为英国圣公会的精神领袖。

观点。有人对一个在拉格比①公学成绩平平的学生，成年后却取得了巨大成功感到惊讶。对此，坦普尔回答说："人们在 18 岁时的表现并不重要，重要的是他们之后如何发展。"

在培养孩子的思维活动时，我们必须首先警惕我所说的"惰性观念"——即那些仅仅被存储在大脑中，而未被利用、检验或重新组合的观念。

在教育发展的历史中，有一种最引人注目的现象是，有些学校在一个时代可能充满着活力和天赋，却在下一代变得僵化和守旧。其原因就在于，这些学校积累了过多的惰性观念。充满惰性观念的教育不仅毫无益处，而且最重要的是，它还极其有害——正如拉丁谚语所说："腐败愈深，结果愈糟"。历史上的教育，除了偶尔的知识繁荣之外，基本上都被这种惰性观念所侵蚀和破坏。这就是为什么有一些聪明睿智的女性，尽管没有接受过多少正规教育，但因为其阅历丰富，到了中年却成为其所在社区中最有文化修养的人，因为她们已经摆脱了惰性观念的沉重负担。每一次推动人类走向伟大的知识革命，都是对惰性观念的激烈反抗。然而，遗憾的是，由于对人类心理特点的懵懂无知，这种心理仍会通过某种教育体制，将人类与自己形成的惰性观念重新捆绑在一起。

现在让我们思考一下，在我们的教育体系中，如何防止这种精神上的陈腐和僵化？我们有两条教育原则：一是

---

① 译者注：拉格比公学（Rugby School），英国建于 1567 年的男童学校，后成为英国著名的公立学校。该校也是英式橄榄球的发源地。

“不要讲授太多的科目”，二是“所讲授的科目务必要深入透彻”。

开设大量课程，却只是浅尝辄止，结果往往是学生们只能被动地接受一些零散而无联系的观念，没有任何活跃的思想火花。我们应该给孩子们讲授的主要观念要少而精，并且尽可能地将它们结合起来。要让孩子们将这些观念内化为自己的观念，要让他们在当前的实际生活环境中理解如何应用这些观念。从接受教育伊始，儿童就应该体验到发现的乐趣。他们要做出的发现是，一般观念能够帮助他们理解贯穿其生活中的一系列事件，这些事件构成了他们的生活本身。

这里所指的“理解”，不单单是指逻辑分析，尽管它也包含在内。我所说的“理解”，是法国谚语“理解一切即宽恕一切”中的含义。那些卖弄学问的人常常会嘲笑实用的教育，但如果教育没有实际用途，它又怎么能被称为教育呢？难道教育是只能束之高阁的天赋吗？不管你的人生目标是什么，教育都应该是实用的。教育对圣奥古斯丁①有用，对拿破仑②也有用。教育之所以有用，乃是因为理解本

① 译者注：圣奥古斯丁（Saint Augustine of Canterbury，？—604 年），据说出身于罗马贵族，曾任罗马本笃会对安德烈隐修院院长。他奉教皇格列高利一世派遣，于公元 597 年率 40 名修士组成的传教团到达英格兰，使英格兰人皈依基督教，同年任坎特伯雷首任基督教大主教。

② 译者注：拿破仑·波拿巴（Napoleon Bonaparte，1769—1821 年），法兰西第一帝国皇帝（1804—1814 年；1815 年），曾颁布《拿破仑法典》，率军出征欧洲，对法国和欧洲的政治和历史产生过重要影响。

身就是有用的。

在这里，我不想过多讨论教育在文学方面所提供的理解，也不想被看作是对古典课程或现代课程的优劣发表意见。我只想说，我们所需要的理解是对持续存在的现在的理解。过去的知识之所以有用，乃是因为它为现在做了准备。对年轻人来说，最致命的伤害莫过于轻视现在。现在包含了一切，现在是神圣的，因为它既包含着过去，又孕育着未来。同时，我们必须认识到，200 年前的时代与 2000 年前的时代同样古老。不要被所谓的时代所迷惑。莎士比亚[①]和莫里哀[②]的时代与索福克勒斯[③]和维吉尔[④]的时代一样古老，它们都已成为过去。与这些古圣先贤们相聚乃是伟大而鼓舞人心的，但这种相聚只能在一个时间点实现，那就是现在。任何一群古圣先贤都需要经过一段时间才能到达这个聚会场所，但这并没有什么不同。

---

① 译者注：威廉·莎士比亚（William Shakespeare，1564—1616 年），英国伟大的诗人和剧作家，其传世作品有 37 部戏剧、154 首十四行诗、两首长诗和其他诗歌，在世界文学史中占有独特的地位。

② 译者注：莫里哀（Moliere，1622—1673 年），法国古典主义时期著名剧作家，成功地创造了法国现实主义喜剧和新的喜剧风格，主要作品有《愤世嫉俗》《吝啬鬼》《贵人迷》等。

③ 译者注：索福克勒斯（Sophocles，公元前 496—前 406 年），古希腊三大悲剧作家之一，接受过良好的教育，一生写作了 120 多部剧本，使悲剧艺术达到完美的境界。传世作品有《埃阿斯》《安提戈涅》《俄狄浦斯王》等。

④ 译者注：维吉尔（Virgil，公元前 70—前 19 年），古罗马伟大诗人，在修辞学和哲学方面造诣颇深，他的诗句富于音乐美，传世之作有史诗《埃涅阿斯纪》《农事诗》4 卷和《牧歌》等，对欧洲文艺复兴和古典主义文学产生了巨大影响。

现在，让我们转向教育的科学和逻辑层面。在此，我们必须铭记，那些未被应用的观念极有可能是有害的。我所说的应用观念，是指将观念与感官知觉、情感、希望、欲望以及使思想相互适应的心智活动相结合，这些构成了我们生活的实质。我可以想象，有些人可能是通过被动地审视不相关的观念来强化他们的灵魂的。然而，人性并非如此构建起来的——或许除了一些报纸编辑之外。

在科学训练中，对于观念，首要的任务是去证实它。不过，请允许我稍做停留，以扩展"证实"的含义；我指的是证实其价值。一个观念只有在其所体现的命题为真时，它才具有价值。因此，要证实一个观念，其重要部分就是通过实验或逻辑来证实命题的真实性。然而，这种对真理的证实并不构成最初采纳这一理念的必要条件。毕竟，受人尊敬的权威教师的断言就足以作为充分的证据。在我们首次接触一组命题时，我们首先要认识到它们的重要性。这是我们余生都会继续做的事情。严格来说，我们不会试图去证明或反驳任何事情，除非它的重要性使其值得这种努力。这两种狭义的证明过程和鉴赏过程并不需要在时间上严格分离，它们几乎可以同时进行。但是，如果必须优先考虑其中一个过程，那么应该是通过应用来鉴赏。

此外，我们不应试图孤立地使用各种命题。我所强调的并不是先用一组简洁的实验来说明命题 I，然后证明命题 I，接着用另一组实验来说明命题 II，然后证明命题 II，如此这般，直到书的结尾。没有什么比这种做法更枯燥无味的了。相互关联的真理应当作为整体来使用，各种命题应当以任何顺序和任何方式反复使用。选择你的理论主题的一些重要应用，并与系统的理论阐述同时进行研究。保持理论阐述的简洁明了，但应尽可能地严谨精确。理论阐述不应过于冗长，因为冗长的理论不易于透彻准确的理解。头脑中充满大量一知半解的理论知识，其后果乃是灾难性的。理论也不应与实践相混淆。孩子们不应怀疑何时是证明，何时是应用。我的观点是，只要可行，被证明的东西应该被利用，而被利用的东西应该被证明。当然，我并不是说证明和应用是同一回事。

让我以看似离题却直接相关的方式来进一步阐明我的论点。我们刚刚认识到，教育的艺术和科学不仅需要天赋，而且还需要对这门艺术和科学本身进行深入研究，而这种天赋和科学不仅仅是关于某一门科学或文学的知识。这一观点在上一代人中已部分被接受；然而，一些能力不足的校长们常常鼓励他们的老师以打保龄球和踢足球为兴趣，以此来替代学术追求。但是，文化远不止是打板球，它比踢足球要丰富得多，文化比广博的知识更为丰富多彩。

教育是教学生如何运用知识的艺术，这是一门很难传授的艺术。每当一本教科书被编写得具有真正的教育价值时，你可以确信，一些评论家会说，用它来教学是很难的。当然，如果它很容易用于教学，那么就应该把它付之一炬，因为它不可能具有教育价值。在教育领域，就像在其他领域一样，轻松愉快的道路往往通向错误的方向。一本书或一系列讲座，如果只是为了让学生记住下次校外考试[①]可能会问到的所有问题，那么这本书或这个系列讲座就为学生铺就了一条错误的道路。我可以顺便说一句，在任何考试中，如果直接向学生提出的问题不是由该学生的实际上课老师设计或完善的，那么任何教育制度都不可能成功。外部评估员可以对课程或学生的成绩形成报告，但绝不能允许他们向学生提出未经现任教师严格指导的问题，或者至少是经过他们与学生长时间交谈而得出的问题。这条规则有一些例外，但正因为它们是例外，根据一般规则也很容易被允许。

现在让我们回到我前面的论点，即各种理论观念应该总是能在学生的课程中具有重要的应用性。这个原则并不容易实施，实际上非常难以实施。教育本身就包含着如何保持知识活力的问题，也就是防止知识停滞不前的问题，这是所有教育的核心问题。

最佳的教学方法取决于几个关键因素，这些因素不容忽视：教师的天赋、学生的智力类型、他们的生活愿景、学校周围环境所提供的机会，以及与之相关的各种因素。正因如此，统一的校外考试是极其有害的。我们反对它，并非因为我们是喜欢反对既定事实的怪人。我们还没有幼稚到这种程度。当然，这样的考试在检测师生的懒散和懈

① 译者注：校外考试（external examination）也译“外部考试”，是指英国当时由一个专门机构，而不是由组织学生准备考试的学校出题或评卷的考试制度。

息方面也有一定的作用。我们不喜欢它的理由是明确且实际的，那就是它扼杀了文化中最宝贵的部分。当你根据经验分析教育的核心任务时，你会发现其成功完全取决于许多可变因素的微妙协调。这是因为我们处理的是人的心灵，而非僵死的物质。激发好奇心、增强判断力、驾驭复杂环境的能力、在特殊情况下运用理论做出预见的能力——所有这些能力都不是通过一套考试大纲规定的规则就能培养出来的。

我提醒你们这些富有实际经验的老师们注意：有了良好的纪律，总是有可能向一个班级的学生头脑中灌输一定数量的惰性知识。你只需要拿起一本教科书，要求他们依照课本学习就足够了。至此，一切似乎都很顺利。这样，孩子们就会知道如何解二次方程了。

但是，教孩子们解二次方程的意义何在呢？对于这个问题，有一种传统的答案，那就是：心灵就像一件工具，你必须先磨砺它，然后你才能使用它；获得求解二次方程的能力是磨砺心灵过程的一部分。这个答案具有一定的真实性，因此流传至今，被几代人接受。然而，尽管它有一定道理，但它体现了一种根本性的错误，这种错误似乎扼杀了现代世界的天才。把心灵比作僵死的工具，我不知道始作俑者是谁。据我所知，有可能是希腊七贤中的一位，或者是他们所有人的共同看法。无论谁是始作俑者，它所获得的权威是毫无疑问的，因为它得到了知名人士的不断认可。但是，无论它的权威有多大，无论它能得到怎样的高度认可，我都会毫不犹豫地要抨击它，认为它是有史以来引入教育理论中的最致命、最错误和最危险的观念之一。心灵从来不是消极被动的，而是处于永恒的活动状态，微妙而敏锐，能接受外部刺激，并能对这些刺激做出反应。你不可能延迟心灵的发展，先磨砺好之后再去使用它。无论学生对你的主题有什么兴趣，你都必须在此时此地立刻去唤醒它；无论你要加强学生什么样的能力，你都必须在此时此地即刻实际施行；无论你的教学想给学生的精神生活带来何种可能，你都必须在此时此地展现出来。这是教育的黄金法则，也是一条很难遵循的法则。

这种困难在于：无论你如何精确地调整语言，对普遍概念的理解、心智活动的习惯，以及对智力成就的愉悦兴趣，是任何语言形式都无法激发的。所有有经验的教师都知道，教育是需要耐心掌握细节的过程，一分又一分、一小时又一小时、一天又一天。在学习的道路上从来没有捷径，试图通过幻想之路来获得巧妙的概括，那是绝无可能的。有一句谚语说："只见树木，不见森林"，这正是我所要强调的难题。教育需要解决的问题乃是如何使学生通过树木看到森林。①

我极力主张的解决方案是，要消除各门课程之间致命

---

①　译者注：即是老师要致力于教育学生，努力地通过有限看到无限，通过个别看到一般，通过特殊看到普遍，通过暂时看到永久，这正是辩证思维所要求的。通俗地说，老师要教育学生举一反三，触类旁通。

的脱节，因为这种脱节扼杀了我们现代课程的生命力。教育的主题只有一个，那就是丰富多彩的现实生活。而我们现在给孩子们提供的并不是这种生活的独特统一体，而是教他们学习代数、几何、科学、历史，然后就没有下文了，毫无结果；我们教孩子们学习两三门语言，可他们从未真正地掌握；最后，也是最枯燥乏味的文学，常常以莎士比亚的戏剧为代表，对情节和人物进行一些语言学注释和简短的分析，基本上是要求学生死记硬背。这些科目的清单，能像人们在生活中所知道的那样，代表现实的生活吗？至多只能说，当神在思考创造世界时，这些可能是他在脑海中快速浏览的目录表，但他那时还没有想好如何将它们融为一体。

让我们回到二次方程的话题。我们面前还有一个尚未解决的问题，即我们为什么要教孩子们解二次方程？除非二次方程与某些课程有关，否则我们没有理由教授任何关于二次方程的内容。此外，尽管数学在完整的文化教育中应当占有一席之地，但我有些怀疑，对于许多类型的学生来说，二次方程的代数解是否属于数学的专业领域。在此，我想提醒各位，到目前为止，我还没有涉及心理学或其专业知识，而这正是理想教育的必要组成部分。但我提出这一点只是为了避免我的后续回答有可能会被误解。

二次方程是代数的一部分，而代数是人类创造的，是用以清晰描述量化世界的智力工具。我们无法回避数量，整个世界都受到数量的影响。要言之有理，就必须用数量来表达。若仅仅说一个国家很大是没有意义的，你需要说明它究竟有多大；仅仅说镭很稀缺也是不够的，你需要说明它稀缺到什么程度。我们不能回避量的概念。你可以在诗歌和音乐的王国中自由飞翔，但数量和度量仍将在节奏和音阶中呈现在你面前。那些蔑视数量的优雅学者，其实他们的发展是不完整的，缺失了一半。如果在学生时代，只是以代数的名义教给孩子们一些零散的代数知识，这样的教学根本不应受到过分重视。

无论在语言还是事实上，代数已经退化成无意义的数据问题，这为我们提供了一个可悲的例子，说明如果你不清楚你希望在孩子们活泼的心灵中唤起什么样的属性，那么任何教育改革计划都是徒劳无益的。几年前，就有人强烈呼吁学校代数课程需要改革，但人们普遍认为，使用图表就能解决一切问题。于是，学校便引入了图表法，而淘汰了其他各种方法。可据我所知，在它们背后并没有任何观念，只有图表而已。现在每张试卷上都有一两道关于图表的试题。就我个人而言，我是图表的狂热支持者，可我不知道我们是否已经取得了很大收获。除非你成功地展示了生活与所有智力或情感感知的某些基本特征之间的关系，否则，你就无法将生活纳入任何普通教育的时间表。这个说法很难实现，可它是千真万确的；我不知道如何使它更容易理解。在进行这些小小的正式改变时，你会被事物的本质所难倒。你的对手太狡猾了，他总会确保豌豆总是在另一个套筒下。[1]

改革必须从另一端着手。首先，你必须对那些简单到足以纳入普通教育的量化方面做出选择。然后，你应该制定一个代数学习计划，以便在这些应用中找到例证。我们不必担心我们偏爱的图表，一旦我们开始将代数视为研究世界的严肃工具，它们自然地就会大量涌现。在最简单的社会研究中，数量方面可以找到一些最直观的应用。历史的曲线比枯燥的人名和日期的列表更加生动，提供的信息也更加丰富，而学校研究的大部分枯燥内容正是这些列表。那些无名国王和王后的列表有何作用？汤姆、迪克或哈利，[2] 他们都已经逝去，全面复活他们在历史课上的形象是毫无意义的，最好停止这样做。现代社会力量的数量变化可以被简单而直观地表现出来。与此同时，变量、函数、变化率、方程及其解法、消元等概念，正被作为一门抽象科学来研究。当然，这种研究并不是要用我在这里所暗示的夸张短语来进行，而是要通过重复那些适合教学的简单特殊情况来进行。

如果遵循这条路线，那么从中世纪朝圣者的故事到黑

---

① 译者注：这里是指西方的一种游戏，表演者通过用两个套筒扣住一粒豌豆，让人们猜测豌豆在哪个套筒下。一般猜测者总是猜不准豌豆在哪个套筒下。当你猜测豌豆在左边那一个套筒下时，结果豌豆总是在另一个套筒下，这表现了表演者的狡猾多端。怀特海以此说明，人们通常都不会准确地判断一项事情。

② 译者注：这里提到的“汤姆、迪克或哈利”（Tom，Dick，or Harry）可能是英国历史上的人物，但因为这些名字没有全称，不知道他具体指的是哪些人。

死病①，再到现代劳工问题，将把从乔叟②到黑死病的历史与抽象的代数科学联系起来，两者都反映了同一主题的不同方面——生活本身。我知道你们大多数人现在在想什么。你们可能会认为，我所描绘的确切课程并不是你们会选择的，甚至也不知道如何运作。对此我完全同意，我也并不是说我自己就能做到。但是，你的反对恰恰说明了为什么校外考试制度对教育来说是致命的。展示知识应用的过程，要想获得成功，基本上取决于学生的性格和教师的天赋。当然，我省略了我们大多数人更为熟悉的最简单的应用。我指的是科学的定量方面，比如力学和物理学。

而且，根据同样的联系，我们可以将社会现象的统计数据随时间绘制出来。然后，我们可以消除合适配对之间的时间因素。由此我们可以推测我们在多大程度上展示了真正的因果关系，或者在多大程度上展示了仅仅是暂时的巧合。我们注意到，我们可以用一个国家的一组统计数据和另一个国家的另一组统计数据绘制时间图表，因此，在适当选择主题的情况下，我们得到的图表肯定只会显示巧合，而其他图表也会显示出明显的因果关系。我们想知道如何区分这两者，所以，我们会尽可能地利用这一点。

在考虑这种描述时，我必须提醒大家记住我上面一直

---

① 译者注：黑死病（the Black Death），14 世纪蔓延于欧洲和亚洲的鼠疫传染病，导致欧洲大约2500 万人死亡。

② 译者注：杰弗里·乔叟（Geoffrey Chaucer，1342 或 1343—1400年），英国伟大的作家和诗人，享有“英国诗歌之父”的美名，著有《坎特伯雷故事集》等。

坚持的论点。首先，一种教学方法并不适合所有儿童群体。例如，我应该预料到，那些心灵手巧的孩子们会渴望一些更具体、更灵敏的内容，从某种意义上说，应该比我在这里所设定的更为精细。也许我错了，但这是我应该预想到的。其次，我并不认为一场精彩的演讲就能一劳永逸地激发全班的赞赏。这不是教育的方式。绝非如此！学生们一直在努力解题、画图表、做实验，直到他们对整个学科有了彻底的掌握。我在这里描述的是那些各种各样的解释，这些解释应该给他们的思想指引方向。必须让学生们感到他们正在学到一些东西，而不仅仅是在做智力表演游戏。

最后，如果你是在教学生参加一些普通考试，那么，关于如何完善教学的问题就显得非常复杂了。你有没有注意到诺曼式拱门周围的锯齿形图案？古代的作品通常精美绝伦，而现代的作品则粗陋不堪。其原因在于，现代作品是通过精确测量而设计制作的，而古代的作品则是根据工匠的特质风格而有所变化的。现代作品显得局促封闭，古代作品则显得舒展开放。现在让学生通过考试，关键是要让学生对课程表的各个部分给予同等重视，不能偏科。但人类天生喜欢专门化。有的人可能会看到整个主题，而另一些人只能找到几个无关紧要的例证。我知道，在专门为广博的文化所设计的课程中允许专业化，这似乎是自相矛盾的。但没有矛盾，世界将会变得更为简单乏味，或许也会更加单调无聊。我确信，在教育中，只要你排除了专门化，那你就是在毁掉生活。

现在我们来谈谈普通数学教育的另一个重要分支，即几何学。同样的原理在这里也适用。理论部分应当明确、严谨、简洁，且要有重要意义，所有那些不是说明思想之间主要联系的绝对必要的命题，通通都要删去，但是重要的基本思想一定要写进去。不要遗漏概念，如相似性和比例。我们必须记住，由于图形给予的直观帮助，几何学在运用推理的演绎能力方面，乃是无与伦比的领域。当然，下一步应当教给学生学习几何绘图，其训练的是学生的双手和眼睛。

正如代数一样，几何及其绘图不应仅限于几何概念的范畴。在工业领域，机械和车间操作实践构成了几何知识的理想延伸。例如，在伦敦帝国理工学院，这种实践已经取得了显著的成效。对于许多中等学校，我建议教授学生自然地运用测量和绘图技术。尤其是，平面测量仪应该引导学生直观地理解几何原理的直接应用。简单的绘图工具，如测绘员的测链和指南针，这些仪器应该使学生能够从田野勘察和测量提升到绘制一个区域的地图。最佳的教育是用最简单的工具获取最多的信息，而提供精密工具并不总是必要的。在绘制一个区域的地图时，考虑其道路、轮廓、地质、气候，以及它与其他地区的关系和对居民生活状况的影响，这将比任何关于珀金·沃贝克[①]或贝伦

① 译者注：珀金·沃贝克（Perkin Warbeck，1474？—1499 年），英国历史上的骗子，曾组织反对英格兰都铎王朝的力量，三次入侵英格兰，但被亨利七世的军队击败，被俘之后被处于绞刑。

海峡①的知识都能教会学生更多关于历史和地理的内容。我指的不是关于这个主题的内容模糊的演讲，而是认真的调查，在准确的理论知识的帮助下，明确地确定真实的事实。一个典型的数学问题应该是：测量某地，按某比例尺绘制其平面图，然后计算其面积。传授必要的几何命题而不去证明它们，这将是相当有效的教学方法。然后，在同一个学期内，当进行实地考察时，就可以学习这些命题的证明。

幸运的是，教育的专业化方面比提供一般文化的问题要容易得多。这有两个原因：其一，在这两种情况下，许多应遵守的程序原则是相同的，因此没有必要重复；其二，专业培训在学生课程的较高级阶段进行，或者应该在这个阶段进行，因此有更成熟的学习材料可以利用。但毫无疑问，主要原因是专业学习通常是学生特别感兴趣的。他们之所以学习这门专业，是因为出于某种具体原因，他们想要了解它。这就让一切变得完全不同了。一般文化旨在培养思维活动，而专业课程则是在利用这种活动。然而，过分强调这些简单的对立关系是不行的。我们已经知道，在一般的文化课程中，学生会对特殊问题产生特别的兴趣；同样地，在专业学习中，学科的外在联系会把学生的思想引向专业领域之外更广阔的领域。

在教育中，并不存在一门课程仅提供通识文化，而另

① 译者注：这里提到的贝伦海峡（Behren's Straits）可能是对白令海峡（Bering Straits）的误称。白令海峡是一个位于亚洲和北美洲之间的海峡，它连接了北冰洋和太平洋。

一门课程仅提供专业知识的情况。追求通识教育的科目实际上是专门研究的特殊科目，鼓励一般智力活动的方法之一是培养一种特殊的专注或热爱精神。我们无法将这种浑然一体的学习活动分离开来。教育所要传授的是对观念的力量、观念之美和观念结构的亲切感，以及某种特殊的知识体系，这种知识体系与掌握这种观念的人的生活有特殊的联系。

对观念结构的鉴赏是有教养心灵的一个方面，只有在专门研究的影响下，心灵的这个方面才能得以成长。我指的是那种能够纵观整个棋盘的眼睛，那种能够将一套观念与另一套观念相联系的眼睛。只有经过专门的研究，才能对一般观念的准确表述、它们在表述时的关系以及它们在理解生活中的作用给予赞赏。一个如此自律的心灵应该既抽象又具体，因为它受到了这样的训练：既能理解抽象的思维，也能分析具体的事实。

最后，应该培养一切精神品质中最质朴的品质——对风格的鉴赏。这是一种审美感受，它基于欣赏，简约而毫无浪费，直达预期的目的。艺术风格、文学风格、科学风格、逻辑风格和实践操作风格，它们都具有基本相同的审美品质，即修养和克制。爱一门学科本身，因其本身而情有独钟，这种爱并非是在精神殿堂里徘徊的那种昏昏欲睡的乐趣，而是对体现在这种学习之中的风格的挚爱。

在这里，我们又回到了我们开始的位置，即教育的功用问题。就其最好的意义而言，风格乃是受过教育的心灵最后的收获，也是最有用的东西。风格无处不在。有风格的管理者讨厌浪费，对风格有鉴赏力的工程师会节约用料，对风格有鉴赏力的工匠喜欢精工细作。风格乃是心灵的最高美德。

然而，在风格之上，在知识之上，还有一种东西，这种东西的形状模糊，就像希腊诸神之上的命运一般。这就是力量。风格是对力量的塑造，也是对力量的制约。但是，毕竟，实现预期目标的力量是根本的。首先要达成目标，不要在意你的风格，而要解决你的问题，证明上天待人的方式是正确的，履行上苍赋予你的职责，或者做任何摆在你面前的事情。

那么，风格有什么作用呢？就此而论，具有风格，可使你心无旁骛，直奔目标，不会生出令人不快的插曲，不会使你走入旁门左道。具有风格，你就能达到你的本来目的，不会为其他目的分心。具有风格，你的活动效果就成为可计算或可预测的了，而先见之明乃是神祇赐予人类的最后礼物。具有风格，你的力量就会增强，因为你的心灵不会被不相干的事情分散，那你就更有可能实现你的目标。现在，风格乃是专家的专属特权。有谁听说过业余画家的风格？又有谁听说过业余诗人的风格？风格始终是专业研究的产物，是专业对文化的独特贡献。

目前阶段的英国教育缺乏明确的教育目的，外部机制扼杀了它的活力。到目前为止，我在这篇演说中一直在讨论指导教育的目的。在这方面，英国一直在两种意见之间犹豫不定：它还没有确定是致力于培养业余爱好者，还是培养专业人员。19 世纪给世界带来的深刻变化是知识的增长给人们赋予了先见之明。业余爱好者本质上是有鉴赏力之人，他们在掌握给定的套路方面具有极大的通用性。但是，他们缺乏来自专业知识的远见卓识。这篇演讲的目的是建议，如何在不丧失业余爱好者基本美德的情况下培养专业人员。我们的中等教育机制在应该让步的地方僵化了，在应该僵化的地方却松弛了。每一所学校都注定要为少数几项明确的考试而训练学生。没有哪位校长能够根据学校的机会自由地发展他的通识教育或专门研究，而这些机会是由学校的教职员工、学校的环境、学校的男生班级和学校的天赋创造的。我认为，任何主要目的在于考察学生个人的校外考试制度，都只能会造成教育的浪费。

首先，评估的重点应当是学校而非学生。每一所学校应根据自己的课程体系，颁发自己的毕业证书。这些学校的标准应当接受抽查并不断完善。然而，教育改革的首要条件是学校作为一个整体，其认可的课程必须基于学校自身的需求，并由自己的教师团队发展而来。如果我们不能实现这一点，我们就会从一个形式主义陷入另一个形式主义，从一个陈腐的惰性观念陷入另一个陈腐的惰性观念。

在强调学校作为国家体系中保障效率的真正教育单位时，我提出了一种替代学生个人的校外考试的制度。但是，正如每个“斯库拉”女妖对面都有大海怪“卡律布狄斯”①——或者，用更通俗的语言来说，道路两边都有沟壑。如果我们落入一个监督部门之手，这个部门认为它可以把所有学校严格地分成两到三种类型，每一种类型都被迫采用严格的课程，这对教育来说同样是致命的。当我说学校是真正的教育单位时，我的意思就是我所说的那样，没有更大的单位，也没有更小的单位，一所学校就是恰当而完整的教育单位。每一所学校必须根据其特殊情况提出申请。出于某些目的，对学校进行分类是必要的。但是，绝对僵化的课程，不能由自己的员工加以修改，那是绝对不能允许的。经过适当修改，完全相同的原则适用于大学和技术学院。

对一个国家的年轻人进行教育是一个极其重要的问题。当一个人从长远角度深入考虑这个问题，看到绝望的生活、破灭的希望和国家的失败，这些都是由轻率的惰性所造成时，很难抑制其自己内心强烈的愤慨。在现代生活条件下，有一条规则是绝对的，即那些不重视智力训练的民族注定是要失败的。我们所有的英雄气概，所有的社交魅力，所有的智慧，所有的陆上或海上的胜利，都不能摆脱这命运之手的掌控。今天的我们倘若自我僵化，停滞不前，那明天的科学又会向前迈进一步，到那个时候，那些没有受过

---

① 译者注：这里提到的女妖“斯库拉”（Scylla）和大海怪“卡律布狄斯”（Charybdis）均为希腊神话中的女妖，斯库拉住在意大利和西西里岛之间的海峡中的一个洞穴里，卡律布狄斯住在对岸距她一箭之远处的一棵无花果树下。航海者要从这两个怪物间的海面上通过时，通常要冒极大的危险。这里怀特海用“斯库拉和卡律布狄斯”比喻有双重危险。

教育之人遭到判决将不再会有上诉的必要。

我们可以满足于如下关于教育理想那种古老的概括，这种概括从我们的文明曙光开始以来就一直存在，这就是：教育的本质就在于它那虔诚的宗教性。

那么请问，什么是宗教性的教育呢？

宗教性的教育乃是一种反复强调责任和敬畏的教诲。责任源于我们对事件进程的潜在控制，而在那些能通过知识改变命运的地方，无知就成为罪恶。敬畏的基础在于这样一种认识：现在不仅承载过去，还蕴含未来，其本身包含全部存在，而这整个时间的范围则构成了永恒。

# 第二章
# 教育的节奏

我所说的“教育的节奏”是指一个特定的原则，这个原则在实际应用中为每一位有教育经验的人所熟知。因此，当我意识到我正在对英国一些杰出的教育学家发表演讲时，我不期望我能向你们展示什么全新的观点。然而，我确实认为，考虑到所有指导其应用的因素，这一原则至今尚未得到充分而详尽的探讨。

首先，我寻求一种最直接明了的表述，来阐释我所说的“教育的节奏”的含义，这种表述必须清晰无误地揭示本次演讲的核心。这个原则简而言之就是——学生应在智力发展的适当阶段，及时学习不同的科目，并采取不同的学习方法。你们可能会认同我的观点，甚至可能会认为这是人尽皆知的老生常谈，从未有人对此表示过怀疑。但现在我确实急于强调我所演讲的基本思想的显著特点，原因之一是，在座的听众无疑也会自己意识到这一点。然而，我选择这个主题进行探讨，还有另一个原因，那就是我认为，在教育实践中，由于未能对学生的心智发展给予足够的重视，这个显而易见的真理至今未能得到充分的讨论。

## 一、幼儿期的任务[1]

首先，我要对一些现行的教育原则提出质疑，这些原则通常按照顺序对研究科目进行分类。我这样说的意思是，这些原则只有在被充分清晰地阐明之后，才能被认定为正确的。我们需要重新考虑科目难度的标准。**坚持课程应该由易到难**，[2] 这种观点是不正确的。相反，一些最难的科目必须先学，因为这是大自然的规定，也是生命所必需的。婴儿面临的第一项心智任务是习得口语，即将意义与声音联系起来，这是一项多么艰巨的任务啊！它需要对思想和声音进行分析。我们都知道婴儿能够做到这一点，他们那奇迹般的成就也是可以解释的。但所有的奇迹都是如此，即使对聪明人来说，这些奇迹仍然是奇迹。我所要求的是，面对这个例子，我们应该停止谈论将较难的科目放在后面这种无稽之谈了。

掌握口语之后，幼儿心灵教育的下一个主题应当是什么呢？——学习书面语言，也就是说，要把声音与字形联系起来。我的天哪！我们的教育家们是不是疯了？他们竟然让一个咿呀学语的六岁小孩去做那些可能连一位辛苦了

---

① 本章的节标题没有序号，序号系译者所加。

② 黑体字是译者所加。

一辈子的学者也会感到畏难的工作。同样，在数学中，最难的任务是学习代数的基本原理，然而这个阶段的学习必须先于相对简单的微分学。

我不打算再进一步阐述我的观点了。我只是以这样的形式重申一下：对于如何走出教育实践的迷宫，把难点放在后面，这种方法并不是可靠的解决路径。

关于科目安排的顺序，存在另一种可行的原则，即**必要优先原则**。[①] 这个原则主张，必须先学习那些必要的知识。在这一点上，我们似乎有更加坚实的基础。确实，学生必须先学会阅读，才有可能去阅读《哈姆雷特》；必须先学习整数，才有可能学习分数。然而，即使是这个看似稳固的原则，在仔细审查之下也可能会失效。这个原则当然是正确的，但只有当你人为地限制研究主题的范围时，它才是正确的。而这个原则的危险在于，它在某种意义上被接受，成为几乎必然的真理，但在另一种意义上应用时，它可能是错误的。只有先学会阅读，你才有能力去阅读《荷马史诗》；但在历史的长河中，许多孩子甚至成人都曾直接聆听母亲或流浪吟游诗人讲述荷马史诗的故事，他们沉浸在这种讲述之中，仿佛亲身与奥德修斯一起航行在浪漫的海洋上一样。

不经批判地将某些学科的必要优先原则应用于其他学科，特别是在那些组织能力强但思维僵化的教育者手中，

---

① 黑体字是译者所加。

会使教育变得像撒哈拉沙漠一样干燥枯竭，毫无生机。

## 二、心智成长的阶段

我选择将本次演讲的题目定为《教育的节奏》，意在对当前流行的教育观念进行再次批判。普遍的看法是，学生的进步是均匀而稳定的，不会因为学习内容的变换或学习节奏的调整而有所差异。例如，人们可能会认为，一个男孩在 10 岁时开始学习拉丁语，通过 18 到 20 岁间的均匀而稳定的进步，就能稳步成长为一名古典学者。我认为，这种教育观念是建立在错误的心理发展过程之上的，这种心理发展过程严重阻碍了我们教育方法的有效性。生命本质上是周期性的，它包括日常工作与娱乐、活动与睡眠的日常周期，以及决定我们生活条件和假期的季节周期；它还由明显的年度周期构成。这些明显的周期是任何人都不应忽视的。还有一些更为微妙的心智成长时期，它们循环往复，周而复始，但随着我们从一个周期过渡到另一个周期，它们总是各不相同的，尽管次要阶段在每个周期中都会反复出现。这就是为什么我选择“节奏”这个词的原因，因为它在本质上意味着在重复的框架内传递着差异。教育领域缺乏对心理成长的节奏和特征的关注，这是造成其懈怠和无效的主要缘由。我认为，黑格尔将进步分析为三个阶段是完全正确的，他将这三个阶段称为正题、反题和合题；尽管为了将他的思想应用到教育理论中，我认为他给出的这些名称并不是令人十分愉快的好建议。就智力进步而言，我将它们称为浪漫阶段、精确阶段和概括阶段。

## （一）浪漫阶段

浪漫阶段是初步领悟的时期。在这一阶段，学生所学习的内容应当充满生动的新鲜感；这个阶段本身就蕴含着未经探索的、充满多种可能性的联系，这些联系时而隐现，既可能被偶然发现，也可能被丰富的材料所掩盖。在这个阶段，知识不受系统程序方法的约束。这里必然会有的知识系统是为特定目的，通过逐步积累而创造出来的。此时，学生正处于直接认知事实的阶段，只是偶尔对事实进行系统的分析。浪漫情感本质上是一种兴奋状态，这种兴奋源于从赤裸裸的空洞事实过渡到第一次意识到它们内在的、未经探索的重要性。例如，从事实本身来看，克鲁索①只是一个男人，沙子只是沙子，脚印只是脚印，岛屿只是岛屿，欧洲是人类忙碌的世界。但是，当人们突然意识到克鲁索、沙滩、脚印和远离欧洲的孤岛之间可能存在的隐秘联系时，那就构成了浪漫的想象。为了使我的意思更加清晰，我不得不举一个极端的例子来说明；但应将这个例子理解为一个寓言，它象征着进步循环期的第一阶段。从本质上说，教育必须是将已经存在于心灵之中的那些活跃而纷乱的观

---

① 译者注：克鲁索（Crusoe）全名为鲁宾逊·克鲁索，是英国小说家丹尼尔·笛福笔下的人物，《鲁宾逊漂流记》中的主人公。

念进行有序排列的过程：你不可能去教一个空洞的心灵。[①] 在我们的教育观念中，我们倾向于将其局限于循环的第二个阶段，即精确阶段。但是，我们这样限制自己的教育任务，必定会对整个教育问题产生错误的观念。我们应对心灵最初的活跃观念、对精确知识的获得以及随后取得的结果，都给予同样的关注。

### （二）精确阶段

精确阶段，也即是对知识进行扩展和深化的阶段。在这一阶段，知识的广度要服从于对精确性的明确表达。这是通过语法——无论是语言的语法还是科学的语法——来进行系统化整理的时期。在这个阶段，要努力让学生逐渐接受特定的分析事实的方法。这样，新的事实就会不断增加，但这些事实是适合于分析的事实。

显然，如果没有先前的浪漫阶段，精确阶段将是徒劳无功的：除非学生对事实的广泛普遍性有模糊的领悟，否则，之前的分析将毫无意义，只是一系列关于单纯事实的无意义陈述，是人为制造出来的，没有任何进一步的关联性。我再次强调，在这个阶段，我们不仅仅停留在浪漫阶段所产生的事实范围内。浪漫阶段的事实所揭示的观念具有各种可能的

---

① 译者注：也就是说，学生的心灵或大脑本身并不是一个空洞的白板，需要老师给其中灌输知识。相反，心灵本身在面对事实时就是一种活跃的思维活动，只是在一开始面对事实时会有一些纷乱，不成条理，需要我们通过反思和分析，把它们条理化。这便逐渐地进入了第二个阶段，即精确阶段。

广泛意义，而在精确阶段，我们会按照系统的秩序去获取其他事实，从而对浪漫阶段的一般内容进行揭示和分析。

### （三）概括阶段

最终阶段是概括阶段①，大致对应于黑格尔的合题。这一阶段是对浪漫精神的回归，但同时增添了分类观念和相关技能的优势。这是所获得的知识成果，也是精确训练的目标。这是最终的成就。在这里，我可能不得不对一些显而易见的观念进行一番枯燥无味的分析。这样做是必要的，因为，我随后的发言预设了我们已经清楚地认识到这三个周期的基本特征。

## 三、循环过程

教育应当存在于这种循环周期不断重复的过程中。从微观来看，每一节课都应当构成一个螺旋式循环，引导出

---

① 译者注：对于这个阶段，国内学界有人译之为“综合运用阶段”，有人译之为“贯通阶段”。其英语原文为“generalisation”，根据我们对怀特海在这里上下文中使用这个词的意义来理解，我们认为，译之为“概括”更为恰当。因为怀特海在这里用这个词是指通过前面的浪漫阶段（即发散思维阶段）和精确阶段（即对发散思维所得到思维材料进行精确化处理，以达到相对确定的认识，克服发散思维的松散性和随意性等）之后，需要进一步对精确后的思维结果进一步进行概括和总结，从而使心灵从特定实例或情形中提取出更为一般的普遍范畴、规律或原则。这大体上相当于“从个别情况中得出一般结论”的认知过程。所以，译之为“概括阶段”似乎更符合怀特海在这里使用这个词的本义。同时，也与怀特海所说那样，这相当于黑格尔的“合题”相一致。

其自身的下一个阶段。而更长的周期则应当产生明确的成果，然后成为新循环周期的起点。我们应该摒弃那种以遥远目标为目的的神秘教育观念。如果教师能够满足学生的有节奏的渴望，恰到好处地适时激励学生，那么学生就必然会为某种成就感而欣喜，并会不断地重新开始。

幼儿最初的浪漫体验是他们认识到自己能领悟外部事物，并能领悟到这些事物之间的逻辑关系。儿童心智发育的外在表现是他们注意到自己的感觉与身体活动之间的协调。他们最初的精确阶段是掌握了口语，会说话了，并以口语为工具，对他们观察思考的物体进行分类，加强他们与其他伙伴之间情感关系的领悟。他们最初的概括阶段是使用语言来分类，并扩大对外部事物的欣赏。

对于知识进步的这第一个循环周期，即从获得知觉到获得语言，从获得语言到分类思维和更敏锐的知觉，需要我们给予更仔细的研究。这是我们在儿童纯粹自然状态下所能观察到的唯一的进步循环。后面的周期则必然会受到当前教育模式中各种方式方法的影响而有所改变。最初的循环周期有一个特点，而它在后来的教育中很遗憾已经不复存在了。我的意思是，这个循环取得了圆满的成功。在这个循环结束时，孩子们会说话了，他们的头脑中已经有了分类的观念，他们的感知也变得敏锐了。这个循环达到了其自身的目的，这远远超过了大部分学生在大多数教育体系中所能取得的成绩。可是，为什么会这样呢？当然，当我们想到摆在婴儿面前的任务是多么困难的时候，一个新生婴儿看起来是最没有希望获得智力进步的。我想，这是因为大自然以周围环境的形式，给婴儿安排了一项与其大脑的正常发育完全适合的任务。我决不认为孩子学会说话从而能更好地思考这一事实有什么特别的神秘之处，但是，这一事实确实为我们提供了反思的材料。

在后来的教育中，我们并没有寻求在有限的时间内完成自己的过程，并在自己有限的范围内获得完全成功的循环过程。这种完成是婴儿生长的自然周期中具有的显著特征。再后来，我们让孩子在十岁时开始学习某一门课程，比如拉丁语，并希望通过统一的正规训练系统，在二十岁时取得成功。结果自然是遭到失败，无论是在孩子们对拉丁语的兴趣上，还是在他们的学习成绩上，我们都失败了。当我谈到失败时，我是将我们的结果与第一个自然周期的辉煌成功进行比较。我并不认为这是因为我们的任务本质上过于艰巨，因为我知道婴儿阶段的循环周期是所有循环中最难的。而上述失败的原因在于，我们的任务是以非自然的方式设定的，其中没有节奏，没有中间成功的刺激，孩子们也没有集中注意力。

我还没有谈到这种集中注意力的特点，而这种特点在婴儿的成长过程中是十分明显的。婴儿的整个生命都沉浸在这种循环周期的实践之中，没有任何别的东西能够转移它的智力发展。在这方面，这种自然的循环周期与学生发展的后续历史有着显著的不同。很明显，生活是多种多样的，学生的心灵和大脑会自然地发展，以适应他们的生命所在的五彩缤纷的世界。尽管如此，在考虑到这一点之后，我们将明智地为每个后续循环周期保留一定程度的集中注意力。尤其要避免不同学科在同一周期内的相互竞争。旧式教育的错误在于没有节奏地专注于没有区别的单一科目。我们的现代教育体系则坚持初级的通识教育，并且很容易容忍将知识分为不同的学科，因此，它同样是一种无节奏的分散注意力的碎片式集合。我恳求大家，我们应该努力在学习者的头脑中编织一种和谐的模式，通过将教学的各种要素协调成内在从属相关的循环，每个循环都具有内在价值，以便使学生能立即领悟它。我们必须在每一个适当的季节收割庄稼，收获成果。

## 四、青春期的浪漫

现在，让我们探讨一下我在演讲前半部分提出的观念的一些具体应用。

继幼儿期的第一个周期之后，便是青春期的周期。青春期开启了我们迄今为止所经历的最重要的浪漫阶段。正是在这个阶段，儿童的性格特点逐渐成形。孩子们如何走出青春期的浪漫阶段，这将决定他们随后的生活，决定他们如何以理想塑形，如何以想象来使生活丰富多彩。这一阶段是在口语和阅读习得所产生的能力普遍化之后迅速发展起来的。属于婴儿周期的概括阶段相对时间较短，因为婴儿期的浪漫素材太稀少了。在“认知”这个词的任何发达意义上，对世界的最初认知真正开始于第一个周期的成就之后，因此是在精彩的浪漫时代出现的。观念、事实、关系、故事、历史、可能性以及在语言、声音、形式和色彩方面的艺术性，全都涌入了孩子们的生活之中，激起了他们的情感，激发了他们的鉴赏力，激发了他们从事同类活动的冲动。但令人悲哀的是，儿童时代的金色年华常常被笼罩在死记硬背的填鸭式教学的阴影之中。我指的是孩子们一生中大约 4 年的一段时间，一般来说，大致在 8 岁到 12 岁或 13 岁之间。这是人们使用母语、发展观察力和操控力的第一个重大时期。婴儿不能操作，儿童则可以；婴儿不能观察，儿童则可以；婴儿不能通过回忆单词来保持思想，儿童则可以。儿童就这样进入了全新的世界。

当然，精确阶段通过在较小的循环周期里反复出现而使自身得以延长，而这些小周期在重要的浪漫阶段中会形成螺旋式的小循环周期。不断完善写作、拼写、计算能力，以及掌握一系列简单事实，如历代英国国王的姓名所处年代，这些都是学生在精确阶段所要掌握的要素，它们对于学生集中注意力的训练和有用的学识都是非常必要的。然而，这些东西本质上都是支离破碎的，而重要的浪漫阶段则是推动孩子们走向精神生活的动力。

蒙台梭利教育法①的成功乃是因为它认识到了浪漫在这

---

① 译者注：蒙特梭利体系是由意大利女教育家蒙台梭利（Montessori，1870—1952 年）创立的教育体系，认为儿童具有创造潜力和个人主动精神，强调教育应当使儿童的这种潜能得到自由的发展。

个成长时期的主导地位。如果这种解释成立的话，那么它也指出了这种方法的有效性所存在的局限。在某种程度上，这种教育方法是每个浪漫阶段都必不可少的。它的本质是浏览和鼓励生动的新鲜感，但是它缺乏重要的精确阶段所必需的约束。

## 五、对语言的掌握

当儿童接近关键的浪漫阶段尾声时，成长的循环过程正将他们推向对精确知识的掌握，使他们能够发挥这方面的天赋。此时，语言自然而然地成为他们集中精力攻克的目标。这些表达方式是他们非常熟悉的，他们熟悉那些反映其他民族和其他文明生活状态的各种故事、历史和诗歌。因此，从 11 岁开始，儿童需要逐渐地专注于精确的语言知识。最后，从 12 岁到 15 岁的这三年里，他们应该主要专攻语言，这样做的目的是为了达到一个明确的结果，而这个结果本身是值得的。我猜想，在这些时间的限制下，如果给予足够的关注，我们可以要求在这段时间结束时，孩子们应该掌握英语，能够流利地阅读相当简单的法语，应该完成拉丁语的初级阶段；我的意思是，他们对拉丁语语法中更直接的部分应有确切的了解，对拉丁语句子的结构应有所了解，并能适当阅读一些拉丁语作家的部分作品片段，这些片段也许在最好的文学翻译帮助下可得以简化和大量补充，所以他们可以阅读原文，加上翻译，使他们能够把原书作为一个完整的文学作品来把握。我认为，在这三种语言上，对于普通的孩子来说，达到这样的水平是完全可以的，只要他们没有因为在其他多种科目上追求精确而分心。此外，一些更有天赋的孩子可能会走得更远。他们容易掌握拉丁语，所以在这一时期结束之前，他们就有可能开始学习希腊语，前提是他们的爱好是文学，而且他们打算在以后至少花几年时间去研究文学。其他科目将在时间表中占据次要位置，并将以不同的精神进行。首先，必须记住，半文学性的科目，如历史学，将主要是在语言研究中提供的。阅读一些英语、法语和拉丁语文学作品，而不传授一些欧洲历史知识，这几乎是不可能的。我并不是说我们应该放弃所有的专业历史教学；然而，我确实想建议，应该以我所说的浪漫精神来展示这门学科，学生们也不应该被迫参加那种需要大量系统化的准确记忆历史事件细节的考试。

在智力成长的这个时期，科学应该处于浪漫阶段。学生应该自己去观察，亲自动手去做实验，只有零散碎片式的精确思维。无论是对理论兴趣还是对技术目的来说，科学的重要性的本质就在于它对具体细节的应用，而每一个这样的应用都会引发新的研究问题。因此，所有的科学训练都应该以研究为开始，以掌握自然发生的主题为结束。适合这个时期的精确的指导形式和精确的实验局限则取决于经验问题。但我认为，这一时期才是科学的真正浪漫时期。

## 六、对科学的专注

在 15 岁时，语言的精确时期和科学的浪漫时期宣告结束，取而代之的是语言的概括时期和科学的精确时期。这应是一个短暂但至关重要的阶段。我个人认为，这个时期大约持续一年左右。我建议，在这个阶段，我们应该果断地调整之前课程的平衡。学习的重点应该转移到科学上，同时大幅度减少语言方面的学习。用一年时间集中学习科学，基于之前浪漫研究的基础，应该使每个学生都能掌握支配力学、物理学、化学、代数学和几何学发展的主要原理。要让他们明白，他们并不是现在才开始学习这些学科，而是通过对这些学科主要观念的精确表述，将先前分散学习的知识整合在一起。以代数学和几何学为例，特别提及这些学科是因为它们是我比较熟悉的领域。在前三年里，学生们一直在学习将最简单的代数公式和几何命题应用于测量问题，或其他一些涉及计算的科学工作。通过这种方式，通过强调用确定的数值表达结果，学生们的算术知识得到了真正的加强，并且熟悉了用字母表达的公式和几何性质的观念，还通过反复灌输掌握了一些简单的操作方法。因此，学生们就不需要浪费很长时间去习惯那些科学的观念了。学生们已经准备好学习他们应该彻底了解的一小部分代数和几何原理了。此外，在前一时期，一些男孩会表现出数学方面的天赋，并会进一步努力，在最后一年以牺牲一些其他科目为代价侧重学习数学。这里，我只是简单地以数学为例来说明。

与此同时，语言学习的循环周期也处于概括阶段。在这个阶段，语法和作文方面的精确学习时期已经结束，此时语言学习仅限于阅读文学作品，着重于关注作品的观念和一般的历史背景；与此同时分配给历史课的时间也将会用来仔细研究一段较短的特定时期，选择这一特定时期是为了确切地说明在一个重要时代到底发生了什么事件，也是为了表明要对一些历史人物和政策做出较为简单的判断。

现在，我已经大致勾勒出从婴儿时期到大约 16 岁半的教育过程，并强调了生命节奏性的搏动。在一定程度上，这样的通识教育是可行的，在这种教育中，学生始终保持着集中精神和保持新鲜感的优点。因此，精确阶段总是阐明已经理解的主题,① 并迫切需要深入的处理。每个学生都会依次集中精力学习各种不同的科目，并会清楚自己的特长所在。最后——在所有要达到的目标中，这是我最珍视的——理科生将获得宝贵的文学教育，同时在他们可塑性最强的年龄阶段，及早养成在科学领域里独立思考的习惯。

16 岁以后，新的问题接踵而至。对于文科生来说，科学知识的学习已进入概括阶段，主要是通过讲座的形式阐述科学的主要成果和一般观念。语言学、文学和历史学等

① 译者注：这是指学生在学习的精确阶段，一方面要追求对所学知识的深刻理解，另一方面要为概括阶段积累材料，从而表明精确阶段具有承前启后的重要作用。

科目的新周期开始了，但此时他们不需要进一步学习那些知识细节了。对于学习科学的学生来说，前一阶段的精确学习一直要持续到中学课程学习结束之时，对更广泛的一般观念的理解也要不断地加深。

然而，在这个教育阶段，这个问题太个体化了，或者至少可分为太多的案例，不容易对它们进行广泛的概括处理。[①] 尽管如此，我还是建议所有学习科学的学生此时仍应该继续学习法语，而如果他们还没有掌握德语的话，那就开始学习德语。[②]

## 七、大学教育

如果大家不介意，我现在想探讨这些观念对大学教育的重要性。

从婴儿期到成年期的整个成长过程构成了一个大循环周期。在这个循环周期中，浪漫阶段覆盖了儿童生命的最初十二年，精确阶段包括了中学教育的整个学校时期，而概括阶段则是从青年过渡到成年的阶段。对于那些完成义务教育后继续接受正规教育的人来说，大学课程或同等课

---

① 译者注：这里的论述也印证了怀特海在前面所说的观点，即对精确阶段之后的观念进行概括和总结，形成一般的观念。

② 译者注：须注意，怀特海特别反复地强调英国的学生要学习一门或几门外语，如拉丁证、法语和德国，认为这对学生智力的发展至关重要。因为学习外语不仅是学生多掌握了一门语言，而且还是了解了一种不同的思维方式。

程是至关重要的概括时期。一所大学应该以概括精神为主导。讲座的对象应该是那些熟悉细节和程序的人；也就是说，至少在与已有训练如此一致，以至于容易获得的意义上是熟悉细节和秩序的人。在中学时期，学生们一直全神贯注于埋头学习；而在大学里，他们应该站起来环顾周围的世界。因此，如果大学生把大学的第一年浪费在以旧的精神复习旧的功课上，那将是致命的错误。在中学里，学生们痛苦地从特殊的事实上升到初步了解一般观念；而在大学里，他们应该以一般观念为出发点，研究如何将它们应用于具体的案例。一个设计周密的大学课程应当是对普遍规律进行的广泛研究。我的意思并不是说，这种研究应该是脱离了具体事实的抽象研究，而是说应该把具体事实作为说明一般观念的适用范围来研究。

## 八、智力的培养

大学教育的一个核心方面是将理论兴趣与实际效用紧密结合。无论你向学生灌输多少细节，他们在未来的生活中遇到这些细节的机会几乎微乎其微；即使真的遇到了，也很可能已经忘记了你教给他们的内容。真正有价值的训练是能够培养对一些一般原理的理解，并在将这些原理应用于各种具体细节的方式上打下坚实全面的基础。在随后的实践中，学生们可能会忘记你教给他们的具体细节，但他们将凭借潜意识的常识记住如何将这些原理应用于眼前的情境。除非学生丢掉了课本，烧掉了课堂笔记，忘记了为考试而熟记的细节，否则，学生所学的一切对他们来说毫无用处。那些时刻需要的知识细节，将会像太阳和月亮一样，作为显而易见的事实留在学生的记忆中；他们偶尔需要的知识，可以在任何参考书中查找到。**大学的作用就是要使学生摒弃细节**，把握原理。[①] 当我谈到原理时，我甚至几乎没有想到用文字阐述的原理。那些完全渗透学生身心的原理，与其说是正式的规范表述，不如说是精神活动的习惯。它已经变成心灵对所要说明的适当环境刺激的反应方式。没有人在做事时能随时拿出清晰而自觉的知识。[②] 智力培养不是别的，而是当智力投入活动中时，心灵将会以令人满意的方式发挥作用。人们常常把学习说成这样一件事情：就好像我们在看着我们读过的所有书籍的书页，然后，当机会出现时，我们就选择正确的一页，大声地向宇宙朗读。

幸运的是，事实远非这种粗陋的观念；由于这一原因，纯粹知识和专业技能之间的对立应该远没有错误的教育观所引导我们预期的那么尖锐。我可以用另一种方式来表达我的观点：大学的理想与其说是知识，不如说是能力。大学的任务乃是要把孩子的知识转化为成人的力量。

---

① 译者注：这一观点对我们的大学老师应该侧重给学生讲授什么，是非常重要的启示。黑体字系译者所加。

② 译者注：也就是说，人们在做事情时，通常是一种本能，自然而然地去做，不用刻意去思考或回忆过去所学过的知识。只有在做那些不太熟悉的事情时，人们才会在脑海中不停地思索过去曾经学过的相关知识。

## 九、成长的节奏性

我想以两点告诫来结束这次演讲，这两点告诫将阐明我此次演讲的核心意义。我此次演讲的主旨在于探讨学生成长的节奏性。人的内心精神生活就像一张由无数线索编织而成的网络，这些线索并非都以相同的长度相互连接。我试图通过考察在较为顺利的环境中，中等资质孩子能力的正常发展，来阐释这一真理。或许，我对这种正常现象的理解有所偏颇。因为关于这些事实的证据错综复杂，难以确认，我的这种偏颇是很有可能的。但是，请不要因为这方面的任何误解而对我在这里所强调的主要观点产生偏见。

我的主要论点是，心智的发展呈现出一种周期性的节奏，而整个过程又被一个更大的周期所主导，这个更大的周期与它包含的小周期具有相同的一般特征。此外，这种节奏展现出某些可确定的一般规律，这些规律对大多数学生都是适用的，我们的教学质量应该做出相应的调整，以适应我们的学生在这个发展节奏中所达到的阶段。课程安排问题不单单是设置一系列课程，因为所有的课程本质上都应该在智力发展的启蒙时期开始。真正重要的顺序是教育进程应该呈现的涉及质量的顺序。

我的第二个告诫是，请不要过分强调一个周期内三个阶段之间的明显区别。我强烈怀疑，你们中的许多人，在听到我详细描述每个周期的三个阶段时，心里一定会想：

“真是一位数学家啊，只有数学家才会做出这种形式上的划分!”我可以肯定地向大家保证，这并不是数学上的划分，而是文学方面的不足，才可能导致我犯下我在此告诫你们的错误。当然，我的意思是指，各个阶段的侧重不同，其主要特质也不相同——即浪漫、精确、概括，这些心智活动在各个阶段都始终存在，但它们占主导地位的阶段则会交替出现，而正是这种交替出现构成了各个循环周期。

# 第三章 自由与纪律的节奏性要求

理想之式微是人类努力受挫的悲哀标志。在古代学园中，哲学家们渴望传授智慧，而在现代大学中，我们的目标则降格为讲授一些学科。从古人追求神圣智慧的高远目标，到现代人满足于教科书知识的平庸追求，此乃是教育失败的标志，而这种失败已持续了数个世纪。我并非坚称在教育实践中，古代人比我们更为成功。你只需读一读卢奇安[①]的著作，注意他如何戏剧化地讽刺各派哲学家自以为是的主张，那就会发现，古代人在教育方面并不比我们更高明。我的观点是，在我们欧洲文明的“黎明时期”，人们是以各种完整的理想开始的，这些理想本应激励教育的发展，然而我们的理想逐渐降低至与我们的

---

① 译者注：卢奇安（Lucian，约120—180年），古希腊修辞学家和讽刺作家，以系列对话集而闻名。

实践相一致。[①]

但是，当理想降至实践层面时，其结果便是停滞不前。特别是，只要我们认为智力教育仅仅是对机械的智力才能的获得，仅仅是对有用真理的系统表述，那就不会有进步；尽管在漫无目的地重新安排教学大纲中，在徒劳地努力逃避不可避免的时间短缺中，将会进行许多活动。我们必须把如下情况作为不可改变的事实：神灵如此这般地创造了这个世界，世上有更多的话题需要知识来说明，而这不是任何一个凡人所能掌握的。通过列举每个人都应该掌握的科目，用这种方法来解决这个问题是没有希望的。知识的科目太多了，每一个科目都有其存在的充分理由。也许，这种知识材料的过剩对我们来说是幸运的，因为对重要的真理处于愉快的无知状态，使世界变得神秘而有趣。我非常想让大家铭记于心的是，虽然智力教育的一个主要目标是传授知识，但智力教育还有另一个因素，这个因素更为模糊却更重要，也更有意义。古人称之为“智慧”。没有一定的知识做基础，你就不可能聪明；但你也有可能很容易获得了知识，却仍然缺乏智慧。

---

① 译者注：怀特海在这里提出的观点是，古代人坚持我们的实践应当以崇高的理想为目标，教育就是要促使人们的实践以这种理想为目的，以改变不合理的现实。而现代教育则把这种观念颠倒过来了，让理想降低到符合实践的要求。怀特海这一观点与我们通常坚持的“理论要联系实际”原则表面上看不一样，其实并不矛盾。在教育活动或理论研究或科学研究中，我们就是要确立理想的目标，建立理想的理论模型，以此来指导我们的实践。只是在运用既有理论的时候，才要求我们“理论要与实践相结合”，不能只是空谈理论，不顾现实情况盲目蛮干，搞教条主义。

智慧是对知识的掌握方式。它关乎对知识的处理、为确定相关问题而对知识的选择，以及为增加我们直接经验的价值而对知识的运用。这种对知识的掌握即是智慧，是可以获得的最本质的自由。古人比我们更清楚地认识到以智慧主宰知识的必要性。但在教育实践中追求智慧时，他们犯了可悲的错误。简而言之，他们普遍认为智慧可以通过哲学家对年轻人滔滔不绝的演讲来传授。因此，在古代世界的学园中，涌现出一批不靠谱的哲学家。通往智慧的唯一途径是在知识面前自由自在，而获得知识的唯一途径则是通过严格的纪律来掌握有序的事实。自由与纪律是教育的两个基本要素，因此我今天演讲的主题便是“自由与纪律的节奏性要求”。

在教育中，自由与纪律之间的对立，并不像我们对这两个术语进行逻辑分析时所想象的那般尖锐。学生的心灵是不断成长的有机体。一方面，它不是可以被无情地填满外来观念的容器；另一方面，有序地获取知识是智力发展的天然养分。因此，纪律应该是自由选择的结果，而自由应该在纪律的框架内提供丰富的可能性，这应该是理想教育的目标。自由与纪律这两个原则并不是对立的，而应该在儿童的生活中加以调整，使它们与人格发展的自然变化相适应。正是这种自由与纪律对自然发展的适应，我在其他地方称之为“教育的节奏”。我坚信，过去许多令人失望的失败都是由于忽视了这种节奏的重要性。我的主要观点是，教育在其开始和结束时的主导基调是自由，但有一个中间阶段由纪律占主导，此时自由则处于从属地位。此外，这里并不存在一个独特的自由、纪律和自由的三重循环，而是所有的智力发展都是由这样的循环以及这样的循环之循环所组成。每个这样的循环都是一个单独的细胞，或者是一个砖块；完整的成长阶段就是由这些细胞构成的有机结构。在分析任何一个这样的细胞时，我把第一个自由阶段称为“浪漫阶段”，把中间的纪律阶段称为“精确阶段”，把最后的自由阶段称为“概括阶段”。

现在让我更详细地解释我的观点。若无兴趣，就不会有智力的发展。兴趣是引起注意和领悟的必要条件。你可以尝试用教鞭来激发兴趣，或者你可以通过愉快的活动来激发和诱导兴趣，但没有兴趣就不会有任何进步。享受是生物体被激发向适当自我发展的自然模式。婴儿受到母亲和奶妈的爱的诱惑而适应环境；我们吃饭是因为我们喜欢美味佳肴；我们有征服自然的力量，是因为我们被永不满足的好奇心所吸引去探索；我们去锻炼，是因为我们享受锻炼；我们仇恨危险的敌人，是因为我们享有非基督教般的激情。毫无疑问，疼痛是激发机体行动的次要手段，然而它只有在缺乏快乐时才会发生。快乐是对生命充满活力的人正常健康的刺激。我并不是说，我们可以放心地放纵自己去享受眼前更大的快乐。我真正的意思是，我们应该沿着一条自然活动的道路来促进性格的发展，这条道路本身就是令人愉快的。对纪律的加强只是从属性的，必须是为了确保长期的利益，尽管如果要保持必要的兴趣，适当的目标就不能离地平线太过遥远。

我想强调的第二个基本观点是，空洞无效的知识不仅是无意义的，而且实际上是邪恶的。知识的价值在于我们如何运用它，在于我们对它的能动把握，也就是说，知识的价值在于智慧。人们普遍认为，知识本身就能赋予拥有者以特殊的尊严，而不必拥有智慧。我不敢苟同这种对知识的盲目崇拜。这完全取决于谁拥有这些知识，以及他用这些知识来做什么。能够使性格伟大崇高的知识，是那些运用得足以改变直接经验每一个阶段的知识。在教育中，过分强调严厉的纪律是极其有害的。具有新鲜感的积极思考习惯，只有在充分的自由中才能产生。而不分青红皂白的纪律只会使人头脑迟钝，从而破坏了其本身的目标。如果你经常接触从中学和大学毕业的年轻人，你很快就会注意到，有些人的头脑迟钝死板，这是因为他们上学时所获取的知识是惰性的知识。此外，英国社会关于学习的令人遗憾的论调是我们教育失败的标志。这种急于传授单纯知识的做法本身就是失败的。人类的心智会拒绝以这种方式所传授的知识。青年人天生渴望拓展和活动，如果枯燥地给他们强加那些规训的知识，他们就会感到厌恶。在对学生进行纪律训导时，应该满足他们对智慧的自然渴望，因为智慧可以给单纯的经验增加价值。

现在，让我们更仔细地考察一下人类智力的这些自然渴望的节奏。在一个新环境中，心灵运行的第一个程序便是在混乱的观念和经验中进行某种推论活动。这是一个发现的过程，一个逐渐习惯于新奇想法的过程，亦即形成问题、寻求答案、设计新的体验和关注新的探险会导致何种结果的过程。这个普通的过程既自然又十分有趣。我们一定会经常注意到，8 岁到 13 岁的孩子都会处在这个骚动过程之中。它是由好奇心主导的，破坏好奇心的蠢人是要受到诅咒的。毫无疑问，这个发展阶段需要帮助，甚至需要纪律。心灵进行工作的环境必须仔细加以选择。当然，选择的环境必须适合孩子的成长阶段，必须适应个人的需要。从某种意义上说，这是一种外部的要求；但是从更深的意义上说，这是对孩子内在的生命呼唤的回应。在老师的意识中，这是把孩子送到望远镜前去观看星星，而在孩子的意识中，这是允许他自由地进入那一片天空的荣耀。不管在哪个地方，无论多么模糊，即使在最迟钝的孩子身上，除非改变这种强制性的常规做法，否则，孩子的本性将会拒绝吸收外来的知识材料。我们永远不要忘记，教育绝不是把物品往行李箱里装的过程。这样的比喻完全不适用。当然，教育完全是一种具有自身特点的过程。与之最相似的过程是生物有机体吸收食物的过程：我们都知道，在适当的条件下，美味的食物对健康是多么必要。当你把靴子放在行李箱里时，它们会一直待在那里，直到你再把它们拿出来为止；但如果你用不合适的食物喂孩子，那情况就完全不是这样了。

这种最初的浪漫阶段需要另一种方式的引导。毕竟，孩子是漫长岁月中文明的继承人，让他在冰川期人类的智力迷宫中游荡是荒谬的。因此，适当指出一些重要事实，对各种观念和常用的名称加以简化，确实会加强学生的自然动力。在教育的任何阶段中，学生都不能没有纪律，也不能没有自由；但是在浪漫阶段，重点必须始终放在自由上，让孩子自己去领会，自己去行动。我的观点是，对于正在成长的心灵来说，如果浪漫阶段还没有走完自己的路程，就给它强加精确的纪律，那就不可避免地会妨碍他对观念的吸收。没有浪漫，就不会有领悟。我坚信，过去之所以有许多失败，就是因为对浪漫的适当位置缺乏仔细的研究。没有浪漫的探险，学生充其量只能得到惰性的知识，不会有主动性；而最坏的情况，则会使学生得到对观念的蔑视——根本无知识可言。

然而，如果浪漫阶段得到适当的引导，另一种渴望便会随之增长。此时，学生对新鲜感的渴望已经消退，对事实和理论的依据有了普遍的认识；最重要的是，他们在第一手经验中已经有了大量的独立探索，包括在思想和行动方面的探险。对于精确知识的启发，他们现在已经能够理解，因为这种启发符合常识的明显要求，并能使他们处理熟悉的材料。这时，他们可以继续前进，确切地了解所学的主题，将显著的特征保存在记忆中。这就是精确阶段。无论是在中学还是大学，传统教育方案中，精确阶段往往是唯一的学习阶段。学生必须学习他们的学科，关于教育的这个话题似乎不必多言。但如果精确阶段被过分延长，其结果便是会产生大量书呆子，只有少数学生，他们天生的兴趣和爱好没有被摧毁。的确，老师们总是有一种诱惑，想要教给学生更多的事实和精确的理论，但他们却无法消化吸收。如果他们真的能够吸收消化这些知识，那当然是很有用的。然而，我们这些中学教师和大学教师很容易忘记，在成年人的教育中，我们只是次要的因素；我们的学生长大后，等他们年富力强的时候，还要自主学习。成长的现象不能匆忙地超越某些非常狭窄的特定界限。但是，不熟练的开业医师很容易会损害病人的那些敏感的有机体。[①] 然而，当所有这些告诫讲过之后，还是有人照做不误，继续我行我素，设法让学生了解基本的细节和主要的确切概括，并试图让学生轻松地掌握技巧。不可否认的事实是，事情已然明了，要想在现代世界行之有效，你必须对最佳实践有明确的了解。写诗要学韵律，建桥要熟知材料的强度。即使希伯来先知也得先学会写作，可能在那个时代，需要付出不小的努力才能做到。用《祈祷书》上的话来说，天才所具有的天生技艺乃是虚妄之物，是天真地虚构出来的。

在精确阶段，浪漫是其背景。这个阶段受到如下不可避免的事实的支配：有正确的方式和错误的方式，还有需要知道的确切真理。但是浪漫还没有完全消亡，在对指定任务的明确应用中如何培养浪漫，乃是教学的艺术之所在。之所以必须培养浪漫，乃是因为浪漫毕竟是平衡智慧的必

① 意指那些经验不足或者技术不够熟练的独立行医的医生可能会对一些比较敏感的生物体或人体某些敏感部位造成伤害。

要组成部分，而平衡智慧是教育所要达到的目标。但除此以外还有一个原因：除非浪漫能使机体的理解能力保持新鲜活力，否则机体无法吸收工作的成果。真正的关键是要在实践中发现自由与纪律之间的精确平衡，这种平衡将使我们在未知事物上取得最大的进步。实际上，除了我所一直坚持的节奏性搏动规律，即在早期阶段，进步要求强调自由；在中期偏后阶段，则应强调切实掌握指定的学习任务，我不相信有任何抽象的公式可以给出适用于所有科目、所有类型的学生或每个学生的知识信息。我坦率地承认，如果浪漫阶段安排得当，第二阶段的纪律问题就不那么明显了，此时孩子们已知道如何去做他们的工作，他们会想把工作做好，并且可以放心地把工作细节托付给他们。此外，我认为，唯一的纪律，就其本身而言是重要的纪律，乃是自律，而这只能通过广泛使用自由来获得。然而，尽管在教育中有许多微妙之处需要考虑，但在生活中有必要养成愉快地承担强加于己的任务的习惯。如果任务符合学生在其发展阶段天然的渴望，如果任务能使他的能力得到充分发挥，如果任务能取得明显的合理结果，并且在执行方式上允许合理的自由，那么这些条件是可以满足的。

讨论一个技巧娴熟的教师如何保持学生浪漫情怀这一挑战在于这样一个事实：理论的描述往往耗时且漫长，而实践的执行常常只需短暂的时间。维吉尔诗歌的韵律之美，可以通过口头朗诵的悦耳之声直接传达，无须冗长的解释。同样，强调数学论证之美，通过列举一般原理来阐明复杂事实，是最为迅速的教学模式。在这个阶段，教师的责任是巨大的。坦白地说，我认为，除了少数天赋异禀的教师外，很难让整个班级在追求精确知识的道路上走得很远而不使他们的兴趣减退。不幸的是，我们面临的是一种两难选择：首创精神和严格训练都是必要的，但训练往往会扼杀首创精神。

然而，这种认识并不是对减轻这一困境的无知的宽恕。这并不是说理论上必然如此，而是因为在处理每个个案时，我们无法拥有完美的方法。过去所采用的方法是扼杀兴趣，而我们现在所讨论的是如何将这种恶减少到最低程度。我只想提醒大家，教育是一个复杂的问题，不能简单地用一个公式来解决。

然而，在这个问题上，有一个实际问题在很大程度上被人们忽视了。浪漫兴趣的范围广泛，定义模糊，不受任何明确界限的控制，它取决于偶然的灵光一现的洞察力。但是，正如在任何普通教育体系中所要求的那样，精确知识的范围可以而且应该是明确的。如果你把它弄得太宽，学生就会失去兴趣，你的目标就会落空；如果你把它弄得太窄，学生将不能有效地掌握知识。当然，在每个学科的每一门课程中，所需要的精确知识都应该经过最认真的探究之后才能确定下来。现在看来，这种情况并没有以任何有效的方式出现。例如，那些将来注定要从事科学事业的孩子们——我对这类学生非常感兴趣——他们在学习古典文学课时，绝对应该知道掌握哪些拉丁词汇，还有，他们应该掌握哪些语法规则和结构，为什么不能一劳永逸地确定下这些词汇，然后在每一次练习中都把这些词语牢牢地印在记忆中，并理解它们的衍生词，包括拉丁语、法语和英语。然后，对于文本阅读中出现的其他结构和单词，以最简单的方式提供完整的信息。在教育中，某种坚决的确定性是必不可少的。我确信，每一位成功的老师都有一个秘诀，那就是他已经在他的头脑中非常清楚地以精确的方式勾勒出学生必须知道的东西。这样一来，他就不会再半心半意地试图让学生们去背一大堆无关紧要、不那么重要的东西。成功的秘诀在于速度，而速度的秘诀在于专心致志，全力以赴。但是，就精确知识而言，最重要的是速度、速度以及速度——快速地获取知识，然后去运用它。如果你能应用知识，你就会牢牢地记住它。

现在，让我们探讨节奏循环的第三个阶段——概括阶段。在这里，将会出现对浪漫的一种回应。学生已经掌握了一些明确的知识，获得了一些能力；一般的规则和规律在它们的表述和详细例证中已经得到了清晰的理解。此时，学生想要运用他们的新工具。他们作为个体追求效率，同时也希望他们的行动能够产生实效。他们回到了浪漫阶段，再次开始无边无际的探险，但这一次他们的优势在于，他们的心灵是训练有素的军团，而非乌合之众。从这个意义上说，教育应该始于研究，也应终于研究。毕竟，从整体上说，教育不过是使受教育者做好准备，去迎战各种直接的生活经验，用相关的观念和适当的行动来应对每一个直接的现实情况。如果教育不是以激发首创精神开始，不以鼓励这种首创精神而结束，那它一定是错误的，因为**教育的全部目的就是使人产生活跃的智慧**。①

在我自己工作过的几所大学中，我对学生们思维的麻木僵化状态深感震惊。这种麻木的思维来自漫无目的地积累死板的精确知识而不加以利用。大学教授的主要目标应该是展示他自己的真实性格——也就是说，要像一个无知的人一样去思考，去积极地利用他那一点有限的知识。**从某种意义上说，随着智慧的增长，知识将会减少，因为知识的细节将会被原理所吞没**。② 在生活的每一种职业中，重要的知识细节都可以特别地习得，但只有积极地运用已理解的原理的习惯，才是最终拥有了智慧。精确阶段就是通过获得精确的知识细节进而领悟原理的阶段。概括阶段则是摆脱知识细节，积极应用原理的阶段，此时知识细节退回到潜意识习惯之中去了。我们不会在自己的头脑中明确地记住二加二等于四，尽管我们曾经不得不记住它。我们依靠习惯来做初等算术。但是，这一阶段的实质乃是要从接受训练的相对被动状态进入主动应用知识的自由状态。当然，在这个阶段，精确知识将会增长，而且比以往任何时候都更加活跃，因为头脑已经体验到了确定性的力量，

---

① 译者注：这是怀特海关于教育的目的最经典的表述之一。黑体字系译者所加。

② 译者注：这即是中国传统文化中所说的“大道至简”“为学日益，为道日损。”

并对获得普遍真理和丰富例证做出了回应。但是，知识的增长已逐渐成为无意识的了，就像从某种能动的思想探险中产生的偶然事件一样。

关于智力发展节奏单元的三个阶段就讲到这里了。总的来说，整个教育周期就是由这三重节奏主导的。14 岁以前是浪漫阶段，14 岁到 18 岁是精确阶段，18 岁到 22 岁是概括阶段。但这些只是一般的特征，大体描绘了整个发展模式。我认为，任何一个学生都不可能在所有科目中同时完成这三个阶段的发展。例如，我可以说，当语言学习开始进入精确阶段，即开始掌握词汇和语法时，科学学习应该处于完全的浪漫阶段。语言学习的浪漫阶段始于婴儿时期，随着语言的习得而开始，因此它很早就进入了精确阶段；而科学学习阶段则开始的较晚。**因此，如果在孩子很小的时候就给他们灌输精确的科学知识，那就会扼杀孩子的积极性和兴趣，也会破坏孩子对科学话题有任何丰富理解的机会。**[①] 因此，在语言学习的精确阶段开始之后，科学的浪漫阶段还将会持续数年。

还有一些较小的周期，每一个周期本身就是一个三重循环，在每一天、每一周和每个学期中都在运行着其自身的程序。学生先是对某个主题具有的各种模糊的可能性具有一般的领悟，然后对相关的知识细节会有所掌握，最后是根据相关的知识将整个科目整合在一起。除非学生不断

---

① 译者注：这对从事科学教育的小学和中学老师极有意义。黑体字系译者所加。

地为兴趣所激发，不断地获得技能，不断地因成功而兴奋，否则，他们便永远无法取得进步，而且肯定会丧失信心。总的来说，在过去的三十年间，英国的学校一直在向大学输送一群灰心丧气的年轻人，他们就像打了预防针，不再会对任何知识有迸发的热情。而大学的教育则进一步支持了中学的做法，因而进一步加强了这种失败。因此，年轻人的快乐转向了其他话题，由此一来受过教育的英国人对观念是不友好的。当我们能够指出我们国家的一些伟大成就——我们希望这可能不是战争方面的成就——是在我们学校的教室里，而不是在学校运动场上取得的，那时，我们就有可能会对我们的教育模式感到满意。

至此，我一直在探讨智力教育，我的论述似乎局限于一个过于狭隘的基础。毕竟，我们的学生是鲜活的生命，不能像拼图一样被拆解成碎片。在制造机械装置时，那种将分散的零件整合成整体的建设性能力是外在的。然而，对于生命有机体而言，情况则截然不同，因为生命体的成长依赖于其内在自主发展的冲动。这种冲动可能受到外部因素的刺激和引导，但生命体也可能因此而遭受挫折。尽管受到种种刺激和引导，成长的创造性冲动始终源自生命体内部，这正是个体的独特标志。**教育是引导个人深化理解的生活艺术；**[①] 我所说的生活艺术，是指人的各种活动最完整的实现，这些活动展现了一个人在面对其实际环境时

① 黑体字系译者所加。

所具有的潜力。这种完整的实现涉及艺术感，使不可分割的人格得以从较低的可能性提升至较高的可能性。科学、艺术、宗教、道德，皆源于这种存在结构的价值体验。每个个体都代表着一种生存的探险，而生活艺术即是对这种探险的引导。在人类文明中，那些伟大的宗教在其最原始的元素中，就反对将道德规范作为一套孤立的禁令反复灌输给人们。**从消极意义上讲，道德乃是宗教的死敌。**[①] 保罗谴责律法，福音书强烈反对法利赛人。宗教的每一次复兴，都会表现出类似的强烈对抗——这种对抗随着宗教的衰退而减弱。没有任何教育比道德教育和宗教教育更能从关注成长的节奏规律中获益。无论以何种正确的方式表述宗教真理，坚持过早进入精确阶段都意味着宗教的消亡。宗教的生命力在于宗教精神在宗教教育的磨难中得以幸存。

教育中的宗教问题过于复杂，无法在我这个阶段的演讲中进行深入讨论。我之所以提及它，是为了预防人们的疑虑，即认为这里所提倡的原则可能被狭义地理解。我们正在分析的是生命高级阶段节奏性进步的一般规律，这些规律体现了在更高层次上的最初觉醒、纪律和成果。我现在要强调的是，进步的本质源自内部：发现是我们自己做出的，纪律是自我约束，成果源自我们主动的首创精神。老师扮演着双重角色：他应该从自己的个性中激发出共鸣的热情，同时也要创造出知识更丰富、目标更坚定的环境。

---

① 黑体字系译者所加。

他的存在旨在避免浪费，因为在低级的生存阶段，浪费是自然进化的一种方式。**最根本的动力是对价值的欣赏，是对重要性的认识，这在科学、道德和宗教中都是一样的。要使个性与超越自我的东西相融合，就需要各种形式的惊奇、好奇、敬畏或崇拜，以及各种形式的强烈欲望。这种对价值的欣赏使得生命必须付出难以置信的努力，而若没有这种欣赏，生命将会退回到比较低级的消极状态。这种力量最具穿透力的表现是对美的欣赏，即对已实现的完美事物的审美能力。**① 这种想法使我不禁要问：在我们的现代教育中，我们是否充分强调了艺术的功能。

我们公立学校中的典型教育往往为那些来自富裕且有教养的家庭的男孩设计。他们曾游历意大利、希腊和法国，他们的家常常坐落在充满美感的环境中。然而，这些条件并不适用于现代国民小学或中学教育，甚至不适用于我们扩大的公立学校系统中的大多数男孩和女孩。在精神生活中，我们不可能忽视像艺术这样重要的因素而不遭受损失。**我们的审美情感为我们提供了对价值的生动理解。**② 如果你破坏了这些，那你就削弱了整个灵性领悟系统的力量。要求教育自由的必然结果，是必须重视整个人格的发展。你不能武断地拒绝这种紧迫的要求。在经济不景气的今天，我们听到了很多这样的说法：我们在教育方面的努力是徒劳无益的，应当尽可能地削减教育投入。诚然，培养纯粹

---

① 黑体字系译者所加。

② 黑体字系译者所加。

智力的努力注定会以巨大的失败而告终，而这正是我们当前在国民学校中的所作所为。我们所做的一切足以让人兴奋，但不足以让人满足。**历史告诉我们，艺术的繁荣是各民族走向文明的首要活动。**[①] 然而，面对这一显而易见的事实，我们却在实际上把艺术拒之门外。这样的教育，虽然唤起了强烈愿望却又把人们的欲望击败，并导致了教育的失败和不满，我们对此难道还会感到奇怪吗？整个过程的愚蠢之处在于，简单的大众形式艺术正是我们能够给予全体国民的，而且不会给我们的资源造成过度的压力，但我们没有做。也许，通过一些伟大的改革，你们可以消除更糟糕的血汗劳动和就业的不安全感，但你们永远不可能大大地增加平均收入。在这方面，理想国的所有希望都对你们关上了大门。然而，利用我们的学校培养一批对音乐有一定爱好、对戏剧有一定欣赏、对形式美和色彩美有一定喜爱的人，并不需要很大的努力。我们还可以在大众的日常生活中提供满足这些情感的手段。如果你们用最简单的方法来思考，你们就会发现物质资源的紧张是可以忽略不计的。当你们做到了这一点，当你们的人民广泛地欣赏艺术所能带来的快乐和恐怖时，你们难道不认为你们的先知、神职人员和国家——当他们向人民讲述上帝之爱、不可阻挡的责任和爱国主义的召唤时，他们会处于更有利的地位吗？

---

① 黑体字系译者所加。

莎士比亚的戏剧是为在美丽乡村长大的英国人写的，他们经历了中世纪与文艺复兴合并后的绚丽生活，并与大洋彼岸的新世界一起生动地呼唤浪漫。今天我们讨论的是在科学时代养大的成群结队的城镇人口。我毫不怀疑，除非我们能够用全新的方法去迎接新时代，为我们的人民维持良好的精神生活，否则，俄罗斯那样的命运迟早会在一些被击败的渴望的野蛮爆发中成为英国的命运。① 历史学家们将会把英国的陨落写进她的墓志铭：英帝国的衰亡是由于她的统治阶级在精神上缺乏远见，沉迷于呆滞的物质观念，依恋于他们那法利赛人式的狭隘治国规则。

---

① 译者注：这里是暗指俄罗斯腐败的统治阶级被觉醒的人民所推翻。

# 第四章
# 技术教育及其与科学和文学的关系

本次演讲的核心议题聚焦于技术教育。我将深入探讨技术教育的内涵，以及它与博雅教育之间的紧密联系。[①] 通过这样的探讨，我们能够洞察到国家技术培训体系成功运行的关键要素。此外，这一议题也与数学教师息息相关，因为技术课程中往往融入了数学知识。

当前，无论我们对未来可能实现的成果抱有何种谨慎的期待，若不先在心中勾勒出我们渴望追求的崇高理想，便盲目投身于相关讨论，无疑是不切实际的。

人们对于完美的理想常常感到畏惧。因此，我们注意到一位现代剧作家[②]通过一个疯狂的牧师之口，描绘了人类理想状态的愿景："在我的梦境中，那是一个国家，国家即

① 译者注：博雅教育的英文是"liberal education"，有人译为"文科教育"。我们认为译为"博雅教育"更为传神。

② 参阅萧伯纳（Bernard Shaw）：《英国佬的另一个岛》（John Bull's Other Island）。

教会，教会即人民，三者融为一体；那是一个国度，工作即是娱乐，娱乐即是生活，三者融为一体；那是一座教堂，牧师即是崇拜者，崇拜者即是被崇拜的对象，三者融为一体；那是一个神的国度，所有生灵皆为人，所有人皆具神性，三者融为一体。简而言之，这是一个疯子的梦想。”

在此，我想特别强调这段话中的核心观点，即：“那是一个国家，其中工作即是娱乐，娱乐即是生活，三者融为一体。”这正是技术教育所追求的理想境界。然而，当我们将这一理念与现实相对照时，它似乎显得遥不可及：我们目睹的是数百万疲惫、不满、冷漠的劳动者，以及那些雇主——我不是在进行社会分析，但我要求你们与我一同承认，当前的社会现实与这一理想相去甚远。我们也会一致认为，如果雇主真的以“工作即是娱乐”为经营原则，他们的企业可能在一周之内就会破产。

无论是在传说还是现实中，人类的生存之苦往往伴随着辛勤的汗水。但理性与道德直觉却在这种苦难中看到了进步的基石。早期的本笃会修士对他们的劳动感到欣喜，因为他们认为自己与基督同工。

抛开神学的外衣，其核心思想依然根深蒂固：工作应当融入智慧与道德的愿景，使之成为乐趣，以克服工作的单调乏味和劳累痛苦。每个人都可以根据自己的观点，将这一抽象的理念具体化。你可以根据你的理解去表述，只要不偏离核心。无论如何表述，它都是辛勤工作的人们唯一的真正希望；它掌握在技术教师和那些能够掌控自己活动范围的人手中，他们有能力塑造全体国民，使他们能够以古代僧侣的精神，每天投入到劳动之中。

国家目前急需一大批技艺精湛的工人、富有创造力的发明家，以及能够提出创新理念的企业家。

要实现这些理想的成果，唯有一条道路可行，那就是培养那些热爱自己工作的劳动者、科研人员和企业主。基于我们对人性的普遍理解，我们必须实事求是地看待这一问题。一个疲惫不堪、心不在焉的工人，即便他手艺再高超，又怎能制造出大量优质的产品呢？他可能会消极怠工，对工作敷衍塞责，擅长逃避监督；他可能会缓慢地适应新方法；他可能会成为众人不满的焦点，满脑子不切实际的想法，对贸易条件的实际运作缺乏理解和同情。如果你希望在我们即将面临的动荡时期显著增加野蛮动乱的风险，那么你就推行广泛的技术教育，而忽视本笃会的理想。届时，社会将自食其果。

其次，那些拥有创造天赋的人才在从事充满活力的工作时，需要愉悦的精神活动作为支撑。“需要乃发明之母”这一谚语实则荒谬。更接近真相的是“需要乃徒劳逃避之母”。现代发明的增长基于科学，而科学几乎完全是出于愉悦的求知欲而产生的。

第三类关键人物是雇主，他们应当是富有事业心的领导者。目前，那些在全球范围内拥有商业联系的成功商人，那些已经积累了巨额财富的企业家，才是我们应当关注的重要角色。毫无疑问，商业总是经历着不断的兴衰更迭，但如果成功的商业普遍衰退，还指望贸易繁荣，那无疑是幻想。如果这些商人认为他们的商业只是获取生活中其他不相关机会的次要手段，那么他们就没有提升积极性的动力。因为他们已经功成名就，他们可以依靠目前的商业活动势头在他们的时代持续经营。他们不太可能为结果尚不确定的新方法费心劳神，他们真正的兴趣在于生活的其他方面。对金钱的渴望可能导致他们变得吝啬而缺乏进取心。而那些享受自己工作的制造商，比那些以创办医院为目标，继续从事令其感到厌烦生意的商人，更能为人类带来希望。

最后，只要雇主和工人普遍认为自己从事的是一种从公众身上榨取钱财的卑鄙行当，那么工业和平的前景就根本不可能出现。而从更广阔的视野来审视所完成的工作和由此提供的公共服务，可能是实现共情合作的唯一基础。

从这次讨论中我们可以得出结论：对于雇主和工人而言，若想有机会满足国家的实际需求，就必须以一种自由的精神将技术或技术教育视为一种真正的智力启蒙。在这样的教育中，几何学和诗歌就像运转的车床一样不可或缺。

柏拉图①，这位神话般的人物，可以代表现代博雅教育，而圣本笃②则可以代表技术教育。在这里，我们不必纠

---

① 译者注：柏拉图（Plato，公元前 428 或 427—前 348 或 347 年）系古希腊哲学家，与苏格拉底和亚里士多德共同奠定了西方文化的哲学基础。

② 译者注：圣本笃（St. Benedict，约公元 480—约 547 年），亦译圣本尼迪克特，意大利修道士，西方隐修制度和本笃会的创始人，他制定的隐修规章后来成为全欧洲隐修事业的规范，因此他被尊称为“西方隐修之祖”。1964 年，教皇保禄六世宣布他为欧洲的主保，赞扬圣本笃对天主教和欧洲文化的伟大贡献。

结于是否有资格不偏不倚地表述两位圣者的实际思想，他们只是被用作代表对照观念的典型象征性人物。我们是根据柏拉图现在所激发的文化类型来考虑柏拉图的。

本质上，博雅教育是一种思想和审美的教育，它通过传授思想巨作、富有想象力的文学和艺术知识来实现。它所倡导的行动是控制或掌握，这暗示了一种与闲暇相关的贵族式教育。这种柏拉图式的理想对欧洲文明有着不朽的贡献，因为它促进了艺术的发展，培养了无私的好奇心——科学的源泉，并在物质力量面前保持了心灵的尊严，这种尊严要求思想的自由。柏拉图或许不像圣本笃那样亲自与奴隶一同劳作，但他无疑是人类解放者之一。他所倡导的文化类型是自由主义贵族的独特灵感，欧洲现有的有序自由正是源自这一阶级。从教皇尼古拉斯五世①到耶稣会书院，再到现代英国公立学校的校长，这种教育理想一直得到神职人员的大力支持。

对某些人而言，这是一种优质的教育，适合他们的思维方式和生活环境，然而，人们对教育的期望远不止于此。所有教育的优劣都是根据其与这种理想类型的接近程度来评判的。

这种教育的精髓在于对最佳文学作品的深入讨论，以

① 译者注：尼古拉五世（Nicholas V，1397—1455 年）是文艺复兴时期意大利籍教皇，也是第一位教皇，梵蒂冈图书馆创办人。他统一了天主教和世俗世界，也调和了教会和文艺复兴。他支持文学艺术和学术研究，曾赞助许多艺术家和学者。

此来获得广泛的知识。这种教育培养的理想人才应该熟悉人类历史上最优秀的作品，掌握主要的语言，研究各国的兴衰历史，探索以诗歌形式表达的人类情感，并阅读伟大的戏剧和小说。他们还应该在主要的哲学学说方面打下坚实的基础，并深入阅读那些文笔清晰、著名的哲学家的著作。

显而易见，若要实现这一宏伟计划，除了在他漫长一生的尾声，他将无暇顾及其他事务。人们会回想起卢西恩在一次对话中提到的计算，即：在一个人有理由实践任何一种现行道德体系之前，他应该花费 150 年的时间来研究它们的依据。

这样的理想目标并非为普通人所设。所谓的博雅文化，并非要雄心勃勃地掌握从亚洲到欧洲，再到美洲，乃至整个人类文明所创造的所有文学作品，而是只需精选少数作品即可。然而，正如我们所被告知的，必须精选那些精品。我对选择希腊的色诺芬而忽略中国的孔子的做法持怀疑态度，但那时我还没有阅读过他们的原著。博雅教育的雄心勃勃计划实际上已被压缩，简化为学习几种重要语言创作的文学片段。

然而，对人类精神的表达不仅限于文学，还包括其他艺术形式，以及各种科学。此外，教育必须超越被动接受他人思想的范畴，必须增强首创精神的力量。遗憾的是，首创精神不仅仅意味着一种收获——有思想上的首创精神，有行动上的首创精神，还有艺术中充满想象力的首创精神，而这三个方面还要求有许多分支。

可获得首创精神的领域是如此广阔，而个人的生命却如此短暂和有限：古典学者、科学家和校长可能除了自己的专长之外，对其他领域知之甚少。

存在一种普遍而奇特的误解，即认为当需要了解的知识减少时，文化就能达到更完整的状态。当然，这种观念的唯一“益处”在于，它使人们更可能陷入一种无意识的无知。如果未曾阅读莎士比亚、牛顿、达尔文，那么对柏拉图的理解也不可能深刻。近年来，博雅教育的成果并未恶化，变化在于其自诩的虚荣已被揭穿。

我的观点是，没有任何一门课程能够宣称自己达到了理想的完美无缺状态。那些被忽视的因素，其重要性也不容忽视。在柏拉图文化中，对无偏见智力欣赏的坚持，实际上是一种心理误区。在不可避免的因果链中，行动和我们在事件中的意义转变是根本性的。如果教育试图将智力生活或审美生活与这些基本事实割裂，那么它将导致文明的衰退。从根本上说，文化应当服务于行动，其作用在于使劳动摆脱与无目的的辛勤劳作的联系。艺术的存在让我们能够认识到，我们的感官表达可以是美好的，因为艺术能够增强我们的感官世界。

科学好奇心的火花，源于对事物间有序联系的深刻理解与热情，它追求的是行动与思考的紧密结合。然而，在抽象的科学研究领域，对实践的重视往往被边缘化。科学家们的探索不仅仅是为了理解这个世界，他们追求的是发现本身，这种探索是为了满足他们对新知识的渴望。艺术与科学都能为辛勤的工作带来快乐，这种快乐源自对成功的追求，无论是科学家还是艺术家，都能在其中找到满足感。

将技术教育与博雅教育对立起来是不正确的。没有博雅教育的技术教育是不完整的，而博雅教育也离不开技术教育。简而言之，教育应该既传授知识，也培养能力。教育应该使学生既能掌握知识，又能运用这些知识。理论与实践的结合应当是相互促进的。杰出的才能不可能在孤立中发挥最大效用。尤其是对孩子而言，创造性的冲动需要迅速转化为实际行动。几何和力学的知识，只有通过实践才能变得具体，否则数学就只是空洞的言辞。

一个国家的教育体系应当包含三种核心路径：文科课程、科学课程和技术课程。然而，每一门课程都应融合其他两门课程的要素。换言之，每一种教育模式都应教授学生一项技术、一门科学、一系列普遍观念以及审美鉴赏力，学生所受训练的每个方面都应受到其他方面的启迪。即便是最有天赋的学生，由于时间的限制，也不可能在每一门课程上都达到完全的发展，因此必须有所侧重。最直接的审美训练自然会融入技术课程中，因为在这些领域，审美训练是某些艺术或工艺不可或缺的部分；在文科教育和科学教育中，它同样至关重要。

文科课程的教育方法着重于语言研究，即探究我们最习惯用来向他人表达思想状态的方式。掌握语言表达技巧是至关重要的，科学则致力于研究语言的结构，并分析语言与所传达精神状态之间的关系。此外，语言与情感之间的微妙联系，以及书面和口头语言所吸引的感觉器官的高度发展，使得语言的成功运用能够激发敏锐的审美鉴赏力。最终，世界的智慧被保存在语言作品的杰作之中。

这种课程的优点在于其同质性，它所包含的不同部分相互协调且相互补充。一旦这样的课程被广泛采纳，人们很容易认为它是唯一完美的教育形式。然而，它的缺点在于过分强调了语言的重要性。确实，语言表达的重要性如此之大，以至于很难对其进行清晰的评估。近几代人一直在见证文学和文学表现形式从它们在智力生活中的独特重要地位上逐渐退却。要真正成为自然的仆人和侍从，仅有文学才能是不够的。

科学教育本质上是一种对自然现象进行细致观察的艺术性训练，以及对这些现象背后的秩序和规律的深刻理解与推导。然而，正如博雅教育所面临的挑战一样，我们常常受限于时间的紧迫性。自然界的现象繁多，每一种现象都对应着一个特定的科学领域，每个领域都有其独特的观察方法和推理模式。在教育实践中，我们无法全面学习所有科学，只有专注于两到三门相关学科，才能取得显著成就。因此，有人批评以科学为主的教育过于狭隘和专业化。这种批评往往并非无的放矢；重要的是，我们应当思考如何在科学教育的框架内，采取有效措施，以避免这种风险，从而充分发挥科学教育的优势。

在探讨这一议题时，我们必须将技术教育纳入考量。技术教育的核心在于培养人利用知识创造物质产品的能力，它着重于手工技能的培养、手眼协调的动作训练，以及在制造过程中所需的精准判断力。然而，要做出正确的判断，必须对自然过程有深刻的认识，工厂生产正是这些自然过程的工具。因此，在某些领域，技术培训与科学知识的教育是相辅相成的。如果我们将科学教育的作用最小化，那么它将仅限于科学专家的领域；相反，如果我们将科学教育的作用最大化，我们就能在一定程度上将其普及至从事实际工作的工人，以及同样重要的，将其普及至企业的决策者和管理者。

在智力发展方面，技术教育并不局限于科学领域。它同样可以是对艺术家或学徒工所掌握的工艺技能的教育。在这种情况下，培养相关的审美鉴赏力变得至关重要。

柏拉图式的文化体系存在一个缺陷，即它完全忽略了技术教育作为理想中人类全面发展的一个关键组成部分。这种忽视源于两种根深蒂固的对立：心灵与肉体的对立，以及思想与行动的对立。为了避免误解，我必须指出，我非常清楚古希腊人高度重视身体的美和身体活动。然而，他们对价值观的扭曲理解，实际上是奴隶制的产物。

我坚信这样一条教育公理：在教学过程中，一旦忽视了学生的身体存在，教育就注定会失败。这正是文艺复兴之后柏拉图式课程的弊端所在。但是，没有任何力量能够阻止人们与自然的亲近，因此，在英国教育中，当大自然被排斥在教室之外时，她以不可阻挡的体育运动形式，重新强势回归。

智力活动与身体之间的联系，虽然遍布于身体的每一种感官之中，但主要集中在视觉、听觉、语言和手部动作上。感觉与思维相互协调，大脑的活动与身体的创造性活动也相互影响。在这种互动中，手的作用尤为关键。究竟是人类的双手塑造了大脑，还是大脑塑造了双手，这个问题至今尚无定论。当然，手与大脑之间的联系是紧密且双向的。在那些长期不从事手工劳动的特殊家庭中，这种根深蒂固的关系并不会因此而普遍退化。

手工技艺的荒废是导致贵族阶层思维迟钝的原因之一，而体育运动则是缓解这种情况的方式，因为在进行体育运动时，脑力活动被降至最低，同时手工技艺也缺乏精细之处。连续的写作和口头表达的需求，对专业阶层的思维能力构成了轻微的刺激。而那些只专注于阅读而不从事其他活动的重要人物，并不以思维敏捷而著称，相反，他们往往是保守的思想者。这无疑部分是由于他们的知识超出了他们的思维能力，但部分也是由于缺乏来自双手或声音的创造性活动对大脑的刺激。

在评估技术教育的重要性时，我们应当超越将学习与书本知识等同起来的传统观念。第一手知识构成了智力生活的根本基础，而书本知识往往传递的是间接的二手信息，因此它们永远无法达到直接实践经验的重要性。我们的目标是将生活中直接发生的事件视为我们总体观念的具体实例。学术界倾向于提供碎片化的二手信息，以此来阐释从另一堆二手信息中衍生出的观点。学术界信息的二手性正是其平庸无奇的根源。它之所以乏味，是因为它从未被现实的事实所触动。弗朗西斯·培根的主要影响力不在于他提出了某种特殊的归纳推理理论，而在于他引领了对二手信息的反抗。

科学教育的特殊价值在于，它将思想建立在第一手观察的基础之上；相应地，技术教育的价值在于，它遵循我们深刻的自然本能，将思想转化为手工技能，将手工活动转化为思想。科学激发的思维是逻辑性的。

逻辑分为两种：发现的逻辑和被发现的逻辑。

发现的逻辑在于评估各种可能性，剔除那些看似微不足道的细节，依据事件发生的普遍规律进行推测，并通过精心设计的实验来验证假设。这便是归纳逻辑的本质。

相对地，被发现的逻辑则涉及对特定事件的演绎，这些事件在特定条件下会遵循预设的自然法则发生。因此，一旦这些规律被发现或假设，它们的应用便完全依赖于演绎逻辑。没有演绎逻辑，科学将失去其实用性。从特殊到一般的归纳过程只会成为无意义的消遣，除非我们能够逆转这一过程，再次从一般到特殊，像雅各的梯子上的天使那样，上下自如。当牛顿凭借直觉发现了万有引力定律后，他立刻着手计算地球对苹果表面和月球的引力。顺便提一句，没有演绎逻辑，归纳逻辑将无法存在。因此，牛顿的计算是他对该伟大定律进行归纳验证的关键步骤。

现在，数学，作为演绎推理艺术中较为复杂的一部分，尤其是在处理数、量和空间问题时，显得尤为重要。

在科学教育中，我们应当讲授思维的艺术，即如何根据直接经验形成清晰的概念，如何预测普遍真理，如何验证这些预测，以及如何通过逻辑推理来应用这些普遍真理。此外，科学阐述的能力也是必不可少的，它使我们能够从纷繁复杂的观点中清晰地提炼出问题，并恰当地强调关键点。

当一门科学或一组科学被如此全面地讲授，并适当地融入一般思维艺术时，我们在纠正科学教育的狭隘性方面已经取得了显著进展。以一两门学科为基础的科学教育最糟糕的地方在于，教师在考试制度的影响下，往往只会倾向于向学生灌输这些学科的狭隘知识。重要的是要不断地揭示方法的普遍性，并将其与具体应用的特殊性进行对比。如果一个人只了解自己的科学领域，只了解该领域特有的惯例，那么他对这一领域的理解也是片面的。因为他缺乏广博的思想，缺乏迅速把握外来观念含义的能力。这样的人在探索新知时将无所发现，在实际应用中也会显得迟钝和愚蠢。

在特殊现象中发现普遍规律，这种能力极为难得，对于年幼的学生来说尤其如此。教育的艺术从来都不简单，克服教育中的难题，尤其是在初等教育阶段，是值得最杰出的天才投入努力的事业，因为这关乎塑造人类灵魂的伟大工作。

如果教学方法得当，数学应该是逐步培养这种普遍观念的最有力工具。数学的本质在于不断地抛弃特殊概念，转而采用更一般的概念，用特殊方法来代替一般方法。我们用方程的形式来表达一个特殊问题的条件，但这个方程同样适用于其他数百个不同科学领域的问题。普遍的推理总是最有力的，因为演绎推理的说服力是抽象形式的固有属性。

在这里，我们必须格外谨慎。如果我们教授数学仅仅是为了让学生记住一般原理，那么我们就会破坏数学教育的本质。一般观念只是连接具体结论的桥梁。毕竟，具体的特殊情况才是至关重要的。因此，在处理数学问题时，你的结果越具体越好，而在讨论方法时，则越普遍越好。推理的基本过程是从特殊事物中抽象出一般性，然后将一般性应用于特殊事物。没有一般性的概括，推理就无从谈起；而若缺乏具体性，那么一切都失去了重要性。

具体性是技术教育的核心力量。我想提醒各位，缺乏最高层次普遍性的真理并不一定是具体的事实。例如，等式 $x + y = y + x$ 比 $2 + 2 = 4$ 是一个更普遍的代数真理。然而，“$2 + 2 = 4$” 本身是一个极为普遍的命题，它不包含任何具体的成分。要形成一个具体的命题，就必须有关于特定对象的真理的直接直观。例如，如果你对苹果有直接的知觉或记忆，那么“这两个苹果和那些苹果加起来是四个苹果”就是一个具体的命题。

为了深刻理解真理的实用性，而不仅仅是空洞的公式，技术教育是不可或缺的，单纯的被动观察是不够的。只有在创造的过程中，我们才能对被创造对象的特性有深刻的洞察。如果你想真正了解某件事情，那么“自己动手去做”是一个可靠的原则。你的感官将被激活，你的思想将立即转化为行动，从而变得生动起来。你的想法之所以能获得现实性，是因为你看到了它们应用的具体界限。

在基础教育领域，这一理念已经得到了实施。幼儿通过简单的手工剪纸和分类活动来认识形状和颜色。这种做法固然有益，但并不完全符合我所说的技术教育。这种经验是在思考之前积累的实践，它为创造思想提供了基础，是一门极有价值的学科。然而，技术教育的意义远不止于此：它是一种创造性的实践，是你在思考时实现思想的过程，是教你如何将行动与思想协调一致的经验，是引导你将思想与远见、远见与成就紧密联系起来的经验。技术教育不仅传授理论，它还敏锐地揭示理论的局限性。

技术教育不应被视为柏拉图式文化的理想替代品，也不应被视为由于生活条件限制而不得不接受的有缺陷的训练。除了零散的知识和技能训练，我们无法获得更深层次的东西。然而，有三条主要的道路，我们可以满怀希望地朝着智力和性格的最佳平衡前进：文学文化之路、科学文化之路、技术文化之路。在这些方法中，没有任何一种可以完全遵循而不严重损害智力活动和性格。但是，简单地将这三种课程机械地混合，将会导致糟糕的结果，即信息碎片化，永远不会将它们相互联系或利用。我们已经注意到，传统的文学文化有一个优点，即其各个部分是协调一致的。教育的任务是保持其主要重点，无论是文学的、科学的还是技术的，同时在不失去协调的情况下，将其他两者的元素融入每一种教育方式中。

要阐明技术教育的议题，让我们关注两个关键年龄节点：13 岁，标志着小学教育的结束；17 岁，则是技术教育的终点，因为它被纳入了学校课程之中。我了解到，对于初级技术学校培养的工匠而言，三年的课程更为常见。而针对海军军官和管理层，则可以提供更长的教育时长。我们的任务是制定指导原则，确保这些孩子在 17 岁时能够掌握对社会有益的技术技能。

学生应该从 13 岁开始接受手工技能培训，这种培训在课程中所占的比例不应过大，但应逐年增加，直至占据相当的比例。至关重要的是，这种训练不应过于专业化。特定工作的精细加工和车间操作应在商业性的车间中进行，而不是成为学校课程的主要部分。经过适当训练的工人能够迅速掌握这些技能。在所有教育中，失败的主要原因是教学内容的陈旧和缺乏创新。如果我们将技术教育视为仅仅向孩子们传授高度专业化的手工技能，那么技术教育注定会失败。国家需要的是劳动力的流动性，不仅仅是从一个地方转移到另一个地方，而且还要在合理的能力范围内，能够从一种特殊类型的工作转换到另一种特殊类型的工作。我承认我的论点可能不够充分，但我并不是主张让那些专门从事某一种工作的人频繁更换工作。这是行业组织内部的问题，不属于教育家的范畴。我只是强调，受教育者接受的训练范围应该比他们最终掌握的专业更广泛，他们由此获得的适应能力能够满足不同的要求，这将对工人、雇主以及国家都有益。

在审视课程内容的知识性时，我们必须遵循一个原则，即各学科之间的学习应该是相互协调的。通常来说，与手工训练最直接相关的知识学习将是自然科学的某些分支。实际上，这将涉及多个学科；即便不是这样，我们也不能将科学研究的范围限制在一条狭窄的思路上。然而，如果我们不过分强调分类，根据所涉及的主导学科，我们仍然可以大致对技术教育进行分类。因此，我们可以将其划分为六种类型：（1）几何技术；（2）机械技术；（3）物理技术；（4）化学技术；（5）生物技术；（6）商业和社会服务技术。

通过这种分类，我们可以理解，在大多数职业培训中，除了辅助学科外，某些特定学科需要被特别强调。例如，我们可以将木工、五金工和许多工艺美术归类为几何技术。同样，农业也可以被视为一种生物技术。烹饪，如果它包括食物供应的话，可能涉及生物科学、物理科学和化学科学，尽管我对这一点并不完全确定。

与商业和社会服务相关的学科，部分属于代数，包括算术和统计学，部分则涉及地理学和历史学。但这一部分学科在学科内在联系方面有所不同。无论如何，技术学习根据其与学科的关系进行精确分类是一个细节问题。关键是，只要稍加思考，就有可能找到适用于大多数职业的科学课程。此外，这个问题已经得到了很好的理解，并在全国范围内的许多技术学校和初级技术学校中得到了很好的解决。

从科学到文学，在我们回顾技术教育的知识要素时，我们发现许多学科介于两者之间，如历史学和地理学。这些学科在教育中占有举足轻重的地位，只要它们是正确教授的历史学和地理学。此外，那些描述性叙述一般结果的书籍和科学思想也属于这一范畴。这些书籍应当既是历史的，又是对最终形成的主要思想的阐释。它们的教育价值取决于它们激发智力的能力。它们不应夸大科学的奇迹，而应提供一个广阔的视角。

遗憾的是，除了语法学习之外，教育中的文学因素很少被考虑。历史原因是，当现代柏拉图式课程形成时，拉丁文和希腊文是接触伟大文学作品的唯一钥匙。但文学与语法之间并没有必然联系。在亚历山大的语法学家出现之前，希腊文学的黄金时代就已经结束了。在今天存在的所有类型的人中，那些古典学者与伯里克利时代的希腊人的距离是最远的。

纯粹的文学知识并不具有决定性的重要性，真正关键的是我们如何获取这种知识，那些具体的事实本身并不重要。文学的真正价值在于它能够表达和扩展构成我们生活的那个想象的世界，它能够描绘和扩展我们内心的王国。因此，技术教育中的文学课程应当致力于使学生从文学欣赏中获得乐趣。他们具体知道些什么并不重要，重要的是他们能否从文学中获得愉悦。在英国那些杰出的大学中，学生被要求学习莎士比亚的戏剧并参加考试，这种做法往往削弱了他们对文学的欣赏乐趣。对于这些大学，我们几乎可以控告它们犯下了谋杀灵魂的罪行。

现在，与智力享受相关的活动有两种：一种是创造的乐趣，另一种是休闲的乐趣。它们并不一定是相互独立的。改变工作就有可能同时带来这两种快乐，让人感到无比的幸福。文学欣赏本质上是一种创作过程。文学家写下的文字、音乐家创作的音乐，它们所唤起的联想，都只是一些触发器。它们激发的景象是我们自己创造出来的。除了我们自己，没有任何人、任何天才能够使我们自己的生活充满鲜活的生命力。然而，除了那些以文学为职业的人之外，文学也是一种放松和消遣的方式，它可以锻炼任何职业的人在工作时间内必须压抑的另一面。艺术在生活中扮演着与文学相似的角色。

人们无须外界帮助便能享受消遣的乐趣，只需暂停手头的工作即可获得这种乐趣。这种纯粹的放松休闲是健康的必要条件，但它的危险也是众所周知的，因为大自然赋予人们的大部分必要放松，并非是享受和愉悦，而是大脑在睡眠状态下的一片空白。创造性的愉悦是成功努力的成果，它的激发需要外界的帮助。这种愉悦对于快节奏的工作和独创性的成就至关重要。

让那些未能通过放松休闲恢复活力的工人提高生产效

率，是一种极其有害的经济政策。基于这种政策，即使短期内取得成功，也将以牺牲全体国民的福祉为代价，因为在他们生命的很长一段时间里，国家将不得不供养那些疲惫不堪的工匠，即那些年老的失业者。同样有害的是，一段时间内拼命工作，而另一段时间则完全放松休闲。除非严格限制，否则这些完全放松休闲的时间将成为退化的温床。正常的娱乐应该是使活动不断变化，以满足人们本能的渴望。游戏就能提供这样的活动。没有游戏会导致人们极度放松，而游戏过度则会使人们的头脑变得空虚。

正是基于这一点，文学和艺术应当在组织健全、健康发展的国家中扮演重要角色。它们对经济生产的贡献仅次于睡眠和食物所带来的益处。我所强调的并非如何培养艺术家的问题，而是将艺术视为健康生活的一种必要条件。在物质世界中，艺术就像阳光一样不可或缺。

一旦我们摒弃了将知识视为需要费力去索取的观念，那么促进艺术欣赏的增长就不再是一项特别困难和昂贵的任务。所有的学生都可以定期被带到附近的剧院，在那里，适合学生观看的戏剧应当得到资金支持。音乐会和电影也同样适用。图画对广大学生的吸引力可能更难以预测；但是，孩子们读过的有趣的场景或想法可能会激发他们的兴趣。应该鼓励学生在艺术方面做出努力。尤为重要的是培养大声朗读的艺术。艾迪生主办的杂志《旁观者》上刊登的罗杰·德·科弗利散文是可读散文的典范。

艺术和文学不仅对生活中的主要能量有间接影响，它们还直接为我们提供视野。世界不仅提供了种种物质感受，还有各种微妙的反应和情感的波动。视觉和视野是我们控制和指导能力的前提。民族间的竞争最终将取决于工厂车间而非战场，胜利将属于那些训练有素、精力充沛的人，而艺术是其中的一个必要条件。

如果时间允许，我还想探讨其他一些事情。例如，提倡在所有教育中包含一门外语的学习。通过直接观察，我知道这对于学习手工艺的孩子来说是可行的。但是，我在前面所讲的内容，已经足以说明我们在进行国民教育时应该遵循的原则。

最后，我想回顾本笃会的精神，他们曾经将知识、劳动与道德力量融合在一起，从而挽救了濒临消失的古代文明。我们的危险在于将实际事务视为邪恶的领域，仿佛只有通过实现理想的目标才能获得成功。我认为，这种观念是一种已被实际经验直接驳斥的谬误。在教育领域，这种错误观念表现为对技术训练的平庸理解。在那个漫长的黑暗时代，我们的祖先通过在伟大的组织中体现崇高理想，从而拯救了他们自己。我们的任务不是卑躬屈膝地模仿他们，而是要大胆地发挥我们的创造力，以我们自己的方式继承和发扬他们的遗志。

# 第五章
# 古典文化在教育中的地位

在这个国度，古典文化的未来并非主要取决于其给予学富五车的学者的愉悦，亦非主要源于学术训练对学术爱好者的实用价值。以古典文学和哲学为核心的教育所带来的精神愉悦与品格塑造，已被数个世纪的经验所证实。当今的古典学者对古典作品的热爱或许不及他们的前人，但古典文化所面临的挑战并非由此而生。这种挑战源于历史：昔日，古典文化在高等教育领域占据至高无上的地位，无其他学科能与之匹敌，因此，所有学生在其校园生涯中都沉浸在古典文学与艺术之中，古典文化在大学中的霸权地位仅受到数学等有限学科的挑战。这种格局引发了许多后果，例如，为了教学之需，必须培养大量古典学者；学术生活的每个角落都弥漫着古典文化的气息，因此在古典文学艺术领域有天赋者便等同于有能力者。最终，任何有望在这一领域有所成就的孩童，都被鼓励培养对古典文化学习的自然兴趣或后天兴趣。然而，这一切已成为历史，永不复返。正如汉普蒂·邓普蒂[1]所言，只要他还在墙头上，他便是一个完整的蛋，一旦破裂，便无法再将其复原。如今，学校中已有其他学科，每个学科都探讨着广泛引人入胜的主题，涉及复杂的关系，并在其发展过程中展现了天才们通过想象力和哲学直觉所完成的至高成就。如今，几乎每个职业领域都成为了一门学问深厚的职业，需要一门或多门这些学科作为其专业技能的基础。人生短暂，而大脑易于吸收知识的时期更是短暂。因此，即便所有孩子都适合学习古典文化，也不可能维持一种教育体系，将古典文化学者所接受的全面训练作为掌握其他学科知识的必要条件。作为英国首相府“古典文化在教育中的地位”工作小组的一员，我不幸地听到了许多关于现代父母功利主义倾向的无益哀叹。我不相信任何阶层的现代父母会比他们的前辈更功利。当古典文学艺术是通往成功之门时，经典文化便成为了广泛研究的学科。今日世界已变，古典文化正岌岌可危。亚里士多德曾说过，丰厚的收入是知识生活值得拥有的附属品。我不确定我们公立学校的校长们会对作为家长的亚里士多德的这番话有何感想。根据我对亚里士多德有限的了解，我怀疑这将引发一场辩论，而亚里士多德将占据上风。我一直在努力充分认识到教育课程中对

① 译者注：汉普蒂·达普蒂（Humpty Dumpty）是英国旧时童谣中的矮胖子，他是蛋的化身，只要从墙上摔下来，就会摔得粉碎。此处借用这一典故说明一经损坏便无法复原的东西。与中国“泼水难收”的意思相近。

经典作品构成的各种威胁。我得出的结论是，古典文化的未来命运将于未来几年内在这个国家的中学里被决定。而在一代人的时间里，那些重要的公立学校将不得不效仿它们的做法，无论它们是否愿意。

主导现状的是这样一项不容忽视的事实：在未来，预计有高达 90% 的 18 岁离校生将不会再去阅读任何经典著作。对于那些提前离开学校的学生而言，这一比例甚至可能飙升至 99%。我曾耳闻目睹众多学者在舒适的扶手椅中对柏拉图和维吉尔的经典之作的价值进行深刻阐述。然而，这些学生实际上永远不会在扶手椅中，或在任何其他场合，去真正阅读这些经典。我们必须站出来为这 90% 的学生发声。如果从课程中剔除古典文学，那么剩下的 10% 也将迅速消逝无踪，因为没有学校会有足够的师资来教授他们。这一问题迫在眉睫。

然而，若认为古典文化在学术界或那些重视教育与效率关系的行业领袖中遭遇了普遍的反对意见，那无疑是一个误解。我最近参与的一次关于此议题的讨论，是在一所杰出的现代大学的一个核心委员会中进行的，那次简短而富有影响力的对话给我留下了深刻印象。理学院的三位代表特别强调了古典文化的重要性，他们认为对于科学家而言，古典文化是一门基础学科。我提及此事，是因为在我的经验中，这种情况非常具有代表性。

我们必须铭记，智力教育的整个议题实际上是由时间的有限性所决定的。如果玛土撒拉未能接受良好的教育，那么责任在于他自己或他的导师。然而，我们的任务是关注学生五年的中学生涯。为古典文化辩护的唯一理由是，在这段时间内，与其他学科相比，它能够更迅速地培养学生丰富而必要的智慧品质。

在古典文化的学习中，我们致力于通过对语言的深入研究，以及在逻辑、哲学、历史和文学之美的审美鉴赏中发展思想。学习语言——无论是拉丁语还是希腊语——是实现这一终极目标的手段。一旦目标达成，语言学习可以被搁置，除非有其他机会和选择促使学生继续深入。有些人，包括一些最优秀的人才，并不将语言分析视为达成文化目标的途径。对他们而言，一只蝴蝶或一台蒸汽机比一个拉丁句子更具启发性。这种情况尤其适用于那些能够从生动的理解中激发独创性思维的天才。对于这些人才来说，规定的口头句子几乎总是言不达意，并因其无关紧要而令他们困惑不已。

但总体而言，对语言进行分析是一条常规途径，这是学生们最常采用的方法，也是迄今为止教师最容易掌握的教学工作。

在这一点上，我必须进行自我反思。我内心的另一个自我会质疑，如果你希望孩子们学习逻辑，为何不直接教授他们呢？这不是一个显而易见的步骤吗？我想引用一位最近离世的伟人的话来回答这个问题，他的去世对我们来说是巨大的损失，他就是桑德森[1]，昂德尔[2]的前校长。他曾说，学生们通过接触来学习。这句话的深刻含义在于，教育的本质在于真正的实践。学生必须从个人理解的具体而明确的特殊事实出发，并逐渐发展到一般的观念。我们必须极力避免的恶习是向学生灌输与个人经验毫无关联的一般性陈述。

现在，我们可以将这一原则应用于确定最佳方法，以帮助孩子进行哲学的思维分析。我愿意用更朴素的方式来表达这个观点：如何最有效地让孩子在思想和言论上保持清晰？逻辑书中的一般性陈述与孩子们所听说过的任何内容都毫无关联。这些一般性陈述更适合于大学或成人教育阶段。你必须从分析熟悉的英语句子开始。然而，如果长期坚持这种语法程序，它将变得极其枯燥。此外，这种方法的缺点在于它仅分析了英语语言本身，无助于揭示英语短语和单词的复杂含义，也无助于阐明思维过程的习惯。你的下一步是教孩子学习一门外语。在这里，你获得了巨大的优势。你摆脱了令人厌烦的正式训练方式。分析变得

---

① 译者注：弗雷德里克·威廉·桑德森（Frederick William Sanderson，1857—1922 年），英国中学校长，他于 1892 年至 1922 年担任昂德尔学校校长，通过建立实验室、天文台、图书馆、工场车间和实验农场而使该校大为改观，他建立的理工科系吸引了许多原来对古典语言不感兴趣的少年。桑德森改组昂德尔学校的做法对中等教育的课程和教学法产生了重大影响。

② 译者注：昂德尔（Oundle），是位于英国北安普敦郡内的一所男子中学，始建于 1556 年，在桑德森任校长时（1892—1922 年）该校声名远扬，于 1830 年受皇家册封。

自动化，而学生的注意力被引导到用语言表达自己的需求，或者理解与他交谈的人，或者理解作者所写的内容。每一种语言都体现了一种特定的心理类型，两种语言必然向学生展示两种类型之间的某种对比。常识告诉我们，在孩子的生命中，你应该尽可能早地开始学习法语。如果你有足够的资源，你可以请一个法国的托儿所家庭教师。不那么幸运的孩子可能会在 12 岁左右开始在中学学习法语。学校可能会采用直接法教授他们，通过这种方法，孩子们沉浸在法语课程中，并被教导用法语的思维进行思考，而法语单词及其含义之间没有英语的介入。即使是一个普通的孩子也能学得很好，很快就能掌握和理解简单的法语句子。正如我前面所说，这样做的收获是巨大的，而且，这也是获得未来生活的一项有用工具。对语言的感觉在增长，这种感觉是一种潜意识地对语言的欣赏，它是一种确定结构的工具。

目前，正是学习拉丁文成为促进智力发展的最佳催化剂。从语言结构的角度看，拉丁语展现出一种特别简洁而具体的特性。只要你的思维已经达到相应的层次，事实就会清晰地呈现在你面前。对英语和法语而言，你可能不会遇到这样的直接性。流畅的英语直接翻译成法语可能会变得笨拙，反之亦然，优雅的法语在英语中也可能失去其风采。粗糙的直译法语与应该被精心书写的法语之间的差异，在人的心智成长的特定阶段往往是微妙的，并且不总是那么容易解释。两种语言在表达方式上都保持着现代性。然而，与英语相比，拉丁语在结构上的差异更为明显，但这种差异并不至于构成难以克服的障碍。

据校长们所述，拉丁语是学生中相当受欢迎的学科；我也知道，当我还是学生时，我自己就对拉丁语情有独钟。我认为，这种受欢迎程度源于学习拉丁语所带来的启迪感。你能感受到自己正在发现新知。这些词汇以一种与英语或法语不同的方式在句子中出现，携带着奇异的内涵差异。当然，在某种程度上，拉丁语比英语更为原始。作为未经分析的语言单元，它更接近于句子的本质。

这就引出了我的下一个观点。在我为拉丁文赋予学生的众多礼物中，我将哲学置于逻辑学和历史学之间。在这种联系中，它才真正找到了自己的位置。拉丁文所激发的哲学本能，在两者之间游走，并丰富了两者。在翻译过程中，无论是从英语到拉丁语，还是从拉丁语到英语，对思想的分析都带来了一种经验，这种经验是哲学逻辑的必要前奏。如果你未来的工作是思考，那么感谢上帝吧，在你年轻的岁月里，他让你每周撰写一篇拉丁散文，每天解读某位拉丁作家的作品。任何学科的入门都是通过接触来学习的过程。对于大多数人来说，语言是思维活动的最直接刺激物，这是通往理智启蒙的道路，即从简单的英语语法到法语，从法语到拉丁语，并且要学习和掌握几何学和代数的基础知识。在此，我无须提醒我的读者，我可以引用柏拉图的权威来支持我所坚持的一般原则。

现在，让我们从思维哲学转向历史哲学。我再次回想起桑德森的至理名言：他们通过接触来学习。孩子们究竟如何通过接触来学习历史呢？原始文件、宪章、法律和外交信函对于他们来说，无异于难以解读的天书。一场足球比赛或许能隐约反映出马拉松战役的影子；但这只是表明，不同年龄和环境下的人类生活都拥有共通的品质。此外，我们向孩子们灌输的所有这些外交和政治知识，都是一种非常肤浅的历史观。真正必要的是，我们应该本能地把握那些主导人类混乱历史的观念、思想、审美冲动和种族冲动的变化。罗马帝国是一个关键的瓶颈，它的存在让过去的精华流入了现代生活。就欧洲文明而言，理解历史的关键在于理解罗马的心态及其运作逻辑。

在罗马的语言中，以文学形式体现的罗马人的观点，我们拥有最直观的材料；通过接触这些材料，我们可以感受人类事务变迁的潮流。法语和英语与拉丁语的直接而明显的关系，本身就是一种历史哲学的体现。想想英语与法语的对比：英语与英国文明的过去似乎完全断裂，源自地中海的词汇和短语带着它们所承载的文明意义，逐渐悄然回归；在法语中，我们看到了发展的连续性，同时也看到了其与外来语言的粗鲁的融合。我并不是要对这些问题进行自以为是的抽象讲座。事实本身就说明了这一点。对法语和拉丁语有基本的了解，再加上英语作为母语，这就为创造我们欧洲种族漫游的故事赋予了必要的现实氛围。语言是塑造它的种族心理的化身。每个短语和单词都体现了男女在耕种田地、照料家园和建设城市时的一些习惯观念。

因此，在不同的语言中，单词和短语之间没有真正的同义词。我刚才所说的全部内容，只不过是对这个单一主题的一种补充，我们努力强调它的极端重要性。英语、法语和拉丁语就像一个三角形，其中的一对顶点，英语和法语，表现出两种主要的现代心理类型的两种不同表达，这些顶点与第三个顶点的关系表现出从过去的地中海文明衍生出来的不同过程。这是文学文化的基本三角，它包含着鲜明的对比，包括现在和过去。它跨越了空间和时间。基于这些理由，我们可以证明，在法语和拉丁语的学习中，可以找到通过“接触”来学习逻辑哲学和历史哲学的最容易的方法。除了这些亲密的经验之外，你对思想的分析和你的行为记录不过是虚张声势而已。我并不是说，而且我一点也不相信，这种教育方式对大多数学生来说是最简单、最容易的。我确信，对于为数不多的少数人，我们的重点应该有所不同；我也相信，这是一条能为大多数人带来最大成功的道路。它还有一个优点，就是经受住了经验的考验。我认为需要对现有的实践进行大量修改，以使其适应当前的需要。但总的来说，这种文学教育的基础涉及最好的理解传统和最大的经验丰富的学术教师队伍，他们可以在实践中实现它。

读者可能已经留意到，我尚未提及罗马文学的辉煌成就。诚然，拉丁语的教学应当通过与学生共读拉丁文学经典来实现。这些文献出自充满活力的作者之手，他们成功地在多样的主题上展现了罗马人的心态，包括对希腊思想的赞赏。罗马文学的一大优点在于其相对缺乏卓越的天才。其作者鲜有孤傲超然之感，他们表达的是自己的种族特色，几乎没有超越种族差异的内容。除了卢克莱修，你总能感觉到他们的创作受到了限制。塔西陀代表了罗马元老院顽固派的观点，他对罗马行省管理的成就视而不见，只看到希腊自由民正在取代罗马贵族。罗马帝国及其创造精神吸纳了罗马人的天赋。当这个世界上的事件失去其重要性时，很少有罗马文学作品能够跻身于文学的天堂。**这种天堂的语言将是中文、希腊文、法文、德文、意大利文和英文，受祝福的圣徒将满怀喜悦地沉浸在这些永恒生命的黄金表达之中。**[①] 他们会厌倦希伯来文学中与已消逝的邪恶做斗争的道德热情，也会厌倦罗马作家将广场误认为永生上帝的脚凳。

我们教授学生拉丁文，并非期望他们终生研读这些罗马作家的原著，英国文学要伟大得多：它更为丰富、深刻、精妙。如果你具备哲学的鉴赏力和趣味，你会为了西塞罗而放弃培根、霍布斯、洛克、贝克莱、休谟和穆勒吗？不会的，除非你对现代人的兴趣能让你转向马丁·塔珀。或许你渴望反思人类存在的无限多样性，以及性格对环境的反应。你愿意用莎士比亚和英国小说家来交换特伦斯、普劳图斯和特里马乔的宴席吗？还有我们的幽默作家谢里登、狄更斯等人。有谁在读拉丁作家的作品时笑得如此开怀？

---

① 译者注：怀特海预言未来理想社会中的语言只有这六种了，而且汉语排在首位。

西塞罗是一位伟大的演说家，在帝国的盛典中大放异彩。英国同样可以展示政治家们用想象力阐述政策的灵感。我就不赘述诗歌和历史了。我只是想证明我对拉丁文学的怀疑是正确的，因为它完美地表达了人类生活中的普遍因素。拉丁文学不会笑，也几乎不会哭。

你绝不能将拉丁文学与其所处的社会环境割裂开来。它不是希腊和英国那种意义上的文学，即那种表达人类普遍情感的文学。拉丁文学有一个主题，那就是罗马——罗马是欧洲之母，是伟大的巴比伦。《启示录》的作者如此描述伟大的巴比伦的厄运："因为害怕她受到折磨，就远远地站着说，唉，唉，伟大的巴比伦城，强大的城市！一时之间，你受到的刑罚就要来到了。世界上的客商必定会为她哭泣悲哀，因为没有人再买他们的货物。"

"这些商品包括了金银器皿、璀璨宝石与珍珠饰品、精细亚麻布、华贵紫色布料、光滑丝绸、鲜亮朱红色织物、各类珍贵皂荚木制品、精致象牙工艺品、各种价值连城的木材，以及铜铁器皿、大理石雕刻，还有那芬芳的桂皮、各式香料、香气四溢的香膏、神圣乳香、醇香葡萄酒、细腻油脂、精致面粉、金黄小麦、各类野兽、肥壮羊群、矫健马匹、精良战车、被束缚的奴隶，以及人类灵魂的交易。"

这便是早期基督徒眼中所见的罗马文明。然而，基督教本身也是古罗马带入欧洲的古代世界的一部分。我们继承了东地中海文明的双重遗产。

拉丁文学的价值在于它对罗马精神的传达。当你能够在想象中将英国或法国的背景与罗马的辉煌相融合时，你已经打下了坚实的文化基础。对罗马的了解可以追溯至地中海文明时期，罗马作为地中海文明的终章，自然而然地展现了欧洲的地理特征，以及海洋、河流、山脉和平原的功能。这种学习对于教育青年具有价值，因为其优点是它的具体性、它对行动的启发，以及各种历史人物一贯的伟大与崇高，这种伟大与崇高不仅体现在他们的品格上，也体现在他们在历史舞台上的行为。他们的目标宏伟，他们的美德崇高，他们的罪恶也同样巨大。他们有一种值得称道之处，即用强大的力量来拯救灵魂免于罪恶。道德教育离不开对伟大与崇高的习惯性幻想，如果我们无法达到伟大与崇高，那么我们做什么或结果如何都变得无关紧要。现在，对伟大与崇高的判断力是一种直接的直觉，而非争论的产物。在皈依宗教的痛苦中，年轻人有时会感到自己是可怜虫而非人，只要他们仍然怀有伟大与崇高的信念，就足以证明上帝永恒惩罚的正当性。对伟大与崇高的判断是道德的基础。我们正处于民主时代的开端，是在高水平上实现人的平等，还是在低水平上实现人的平等，还有待决定。在年轻人面前展示罗马的远景，从未像现在这样重要：这本身就是一部伟大的戏剧，它所涉及的问题比它本身更重大。我们现在已经沉浸在文学品质的审美欣赏这个话题中。正是在这里，古典教学传统需要进行最有力的改革，以适应新的情况。旧的传统是将最初的阶段无情地投入到语言的习得上，然后依靠当前的文学氛围来确保文学的享受。在 19 世纪后半叶，其他学科侵占了可用的时间。结果往往只是把时间浪费在失败的语言学习上。我常常认为，那些从一流英国学校毕业的学生，由于这种失败感，表现出一种令人遗憾的智力热情的缺乏。学校的古典课程必须要有计划，以便取得明确的成果。在通往雄心勃勃的学术理想的道路上，失败的产物太多了。

在对待每一件艺术作品时，我们必须适当地考虑两个因素，即规模和速度。如果你用显微镜来观察罗马的圣彼得大教堂，这对建筑师来说是不公平的；如果你一天只读五行《奥德赛》，那就会变得枯燥乏味。现在摆在我们面前的问题就是这样。我们面对的是那些永远不会把拉丁语掌握得足够好、无法快速阅读的学生，而我们所要展现的愿景是恢宏的，以历史为背景的。仔细研究规模和速度，以及我们工作各部分的相关功能，似乎是必要的。然而我还没有找到任何涉及学生心理问题的文献。难道这是共济会会员的秘密吗？

我经常观察到，当一群杰出的学者中有人提出翻译的话题时，他们的情绪和反应就像是正派人士面对令人不悦的性问题一样。而一位数学家则不会因为探讨这个问题而失去学术上的威望，因此我愿意直面这个问题。

从我一直在阐述的思路中可以得出，对拉丁词汇的含义、语法结构中思想的联系方式、拉丁句子的整体技巧及其重音分布的精确理解，构成了我认为学习拉丁语的主要优势。因此，任何含糊的教学，任何不明确的语言，都会破坏我向你们展示的整个理想。用翻译来让学生尽快摆脱拉丁语，或者避免在努力理解结构时的精力消耗，都是不正确的。准确、明确和独立的分析能力是整个研究的核心价值。

然而，我们仍然面临着不可避免的速度问题，而且整个过程只有短短的四五年。每首诗都应该在一定的时间内阅读完毕。对比、意象和情绪的转换必须与人类精神节奏的搏动相协调。它们都有其周期，拒绝超出一定的限度。你可能拥有世界上最高贵的诗歌，但如果以蜗牛的速度慢慢腾腾地读完它，它就会从一件艺术品崩塌成一堆无用的垃圾。想象一下，当孩子仔细阅读他的作品时，他的思维过程：他读到“当……”，然后停顿一下，查一下字典，然后继续读——“一只鹰”，再查一下字典，接着是一段时间对结构的惊叹，如此这般，没完没了。这能帮助他构建关于罗马的愿景吗？当然，常识告诉你，你应该尽可能地获得最好的文学翻译，最好地保留原文的魅力和活力，并以适当的速度大声朗读，并附上有助于阐明理解的评论。对拉丁语的学习，将在以下意义上得到加强，即将一件活生生的艺术品置于神龛之中。

有人反驳说，译文与原文相比总是显得不够生动，缺少生气。确实如此，这正是为何男孩必须掌握拉丁语原文。一旦掌握了原作，就能够赋予它恰当的节奏。我恳求翻译能够以适宜的速度提供一个整体统一性的初步感受，而原文则能够以适宜的速度提供对整体价值的最终评价。华兹华斯曾说，科学家“为了解剖而杀害”。在过去，与他们相比，古典学者才是真正的刽子手。美感是热烈而强烈的，我们应当以应有的敬畏之心对待它。但我要进一步说明，传达罗马景象所必需的拉丁文学作品的总量远远超过了学生们在原著中所能完成的部分。他们应该更多地阅读维吉尔、卢克莱修、西塞罗的作品和当时的历史著作，而不是仅仅停留在拉丁语的学习上。在研究一位作家时，精选的拉丁文部分应该更充分地揭示他的整个思想，尽管这失去了他用母语和他自己的语言表述时所具有的力量。然而，如果一个作家的作品中没有一部分是用他自己的原话来说的，那将是一种严重的过失。

所选材料规模方面的难度在很大程度上与古典历史的呈现有关。摆在年轻人面前的一切都必须基于特殊的事例和个人。然而，我们想要阐释的是整个时期的一般特征。我们必须让学生通过接触来学习。我们可以通过视觉表现来展示那时的生活方式。这里有建筑物的照片、各种雕像或模型，以及描绘宗教神话或家庭场景的花瓶或壁画的图片。这样，我们就可以将罗马文明与之前的东地中海文明以及随后的中世纪文明进行比较。有必要让孩子们了解人类是如何改变他们的外貌、住所、技术、艺术和宗教信仰的。我们必须模仿动物学家的做法，他们掌握了整个动物世界的完整知识。他们通过示范典型的例子来进行教学。我们也必须这样做，以显示罗马在历史上的地位。

人类的生活是建立在技术、科学、艺术和宗教的基础之上的。而这四个方面都是相互联系的，它们源自人类整体心灵的智慧。但在科学与技术、艺术与宗教之间有着特殊的亲密关系。不了解这四个基本因素，那么任何社会组织都无法被理解。一台现代蒸汽机能完成古代一千个奴隶的工作。劫掠奴隶是古代帝国社会统治的关键。现代印刷机是现代民主制度必不可少的附属物。现代智力发展的关键是科学的持续进步，随之而来的是思想的转变和技术的进步。在古代世界，灌溉使美索不达米亚和埃及王国的繁荣昌盛成为可能；但罗马帝国的存在是由于它对迄今为止世界上最伟大的技术应用：它的道路、桥梁、渡槽、隧道、下水道、庞大的建筑、有组织的商船队、军事科学、冶金和农业。这就是罗马文明得以延续和统一的秘密。我常常感到奇怪，为什么罗马的工程师没有发明蒸汽机。倘若他们可能在任何时候做成这件事，那么世界的历史将是多么不同啊。我认为，这是因为他们生活在温暖的气候中，没有必要引进茶和咖啡。在 18 世纪，成千上万的人坐在火炉旁，看着他们的水壶烧开。当然，我们都知道亚历山大的希罗做过一些初步的预测。所需要的只是罗马的工程师们通过观察他们的水壶的简单工作过程，对蒸汽的动力留下深刻的印象。

人类历史尚未与日新月异的技术进步势头建立起恰当的关系。在过去的一个世纪中，发达的科学与先进的技术相结合，标志着一个新时代的开启。

同样，在公元前一千年左右，当书写艺术最终普及时，第一个伟大的文学时代也随之到来。在其早期模糊的起源中，这门艺术被用于传统的等级制度、政府记录和编年史的正式目的。认为新发明一经推出就能得到全面推广，这是一个极大的误解。即使在今天，我们都受过训练去思考新思想的可能性，情况也并非如此。但在过去，由于思维方向的不同，新奇的观念逐渐融入社会体系。因此，作为保存个人新奇思想媒介的文字记录方式，在东地中海的边界上被逐渐掌握。当其潜力在希腊人和希伯来人手中完全实现时，文明便迎来了新的转折点。尽管希伯来人思想的普遍影响推迟了一千年，直到基督教的兴起；但正是在他们的先知记录下他们内心思想的那一刻，希腊文明才开始成形。

我想阐述的是，在宏观的历史处理中，罗马视野的背景和前景是不可或缺的，政治事件的连续编年史在我们的历史传统规模上已完全消失，甚至口头解释的一部分也被隐藏在背景之中。我们必须利用模型、图片、图表和表格来展示技术发展的典型例子及其对当前生活方式的影响。同样，艺术在与实用和宗教的奇妙结合中，既展现了想象的实际内在生活，又通过这种展现来改变这种生活。孩子们可以在模型和图片中看到以前时代的艺术，有时甚至可以在博物馆里亲眼看见实物。对待历史，不应从概括的陈述开始，而应从具体的例子开始，这些例子表明，一个时期到另一个时期，一种生活方式到另一种生活方式，一个种族到另一个种族是逐渐更替的。

当我们谈论地中海东部的文学传统时，也必须采用同样具体的实例处理方法。当你深思这一点时，对经典重要性的整个主张是建立在第一手知识无可替代的基础上的。就希腊和罗马作为欧洲文明的奠基者而言，了解历史首先意味着对希腊人和罗马人思想的第一手了解。因此，为了将罗马的景象置于适当的环境之中，我鼓励学生们亲自阅读一些希腊文学的例子。当然，这必须是翻译过的。但我更倾向于对希腊人实际所说的话的翻译，而不是英国人所写的关于希腊人的任何讨论，无论他们写得多么出色。关于希腊的书籍应该在对希腊有一些直接了解之后再去阅读。

我指的是《奥德赛》的诗译本、希罗多德的部分作品、吉尔伯特·默里翻译的一些戏剧合唱词、普鲁塔克写的传记作品，尤其是马塞勒斯执政时关于阿基米德的部分，以及希思的学术译本中欧几里得《几何原理》中的定义、公理和一两个命题。在这一切材料中，目的只是想为作者的心理环境提供足够的解释。罗马在欧洲的地位之所以令人称奇，是因为它给我们留下了双重遗产。它既接受了希伯来的宗教思想，也将其与希腊文明的融合传递给了欧洲。罗马本身代表着组织和统一对各种活跃因素的影响。罗马法体现了罗马伟大的秘密，在于它在帝国的铁一般的框架内对人性隐私权的那种斯多葛式的尊重。欧洲总是四分五裂，因为它所继承的遗产具有各种各样的爆炸性特征，而欧洲又总是能走到一起，因为它永远无法摆脱从罗马那里得到的完整统一精神的影响。欧洲的历史就是罗马遏制希伯来人和希腊人的历史。希伯来人和希腊人有着宗教、科学、艺术、追求物质享受和统治欲的各种冲动，这两种冲动彼此剑锋相向。罗马的愿景就是文明统一的愿景。

# 第六章
# 数学课程

若不追溯至数个世纪前中世纪学术传统的瓦解，便难以找到与当前教育状况相仿的先例。如同今日，当时的传统知识分子虽然凭借其显著成就获得了理所当然的权威，但他们的视野对于人类的利益而言已然过于局限。这种人类兴趣转向的必然后果是，教育的基础也必须相应转变，以使学生能够适应那些将在他们未来生活中实际占据其思维的思想。任何人类社会知识观念的重大根本变革，都将伴随着一场教育革命。这种革命可能因既得利益的阻碍，或因某些思想领袖对于思想循环的盲目执着——他们在易受影响的年纪接受了自己的精神启迪——而推迟一代人的时间。然而，规律是不可抗拒的：为了让教育充满生机与成效，必须引导学生接受这些观念，并培养他们欣赏所处时代当前思想的能力。

成功的教育体系绝不可能存在于真空之中，换言之，并不存在一种与既存知识氛围毫无直接关联的教育体系。

教育并非现代社会所特有的新生事物，其发展轨迹与所有存续已久的有机事物如出一辙，皆具有漫长且深刻的历史渊源。

然而，“现代”一词作为赞颂之词并不能真正解决我们面临的挑战。我们所指的，乃是现代教育应当与现代思想相联结，无论是传授的观念还是培养的能力。从这个角度来看，即使是昨日才被发现的成果也可能并不真正属于现代。它可能仍旧隶属于上一个时代流行的某种过时的思想体系，或者，更有可能的是，它可能过于深奥难懂。当我们主张教育应与现代思想接轨时，我们所指的，是在文明社会中广泛流传的思想。我今天下午演讲的核心议题，便是说明深奥难懂的科目在通识教育中是不适宜的。

实际上，对于数学家而言，这是一个相当微妙的问题。外界很容易批评我们的主题难以理解。让我们勇敢面对这一难题，坦率地承认，在普遍观念中，这是一个非常典型的难以理解的例子。我使用“难以理解”一词，并非指其难度，而是指所涉及的概念具有高度特殊性，很少能够触及更广泛的思想领域。

这种认为数学课程难以理解的倾向特别有害，它很容易削弱数学在博雅教育中的地位。就这门学科的教育价值而言，我们必须承认，一般受过教育的人在数学方面的成就令人失望。因此，在扩大数学教育的广度方面，我比任何人都更为热切。实现这一目标的途径并不是简单地要求增设更多的数学课程。我们必须直面那些阻碍数学普及的实际困难。

数学课程究竟是否深奥难懂呢？从宏观角度来看，我得承认，它确实有些深奥。“Securus judicat orbis terrarum”① ——人类普遍的判断是肯定的。

数学这门学科，就其在学生思维和书本中呈现的状态而言，确实是难以理解的。它通过从一般概念中推导出无数特殊结果，而每一个结果都似乎比前一个更加深奥。今天下午，我的任务并非为数学辩护——数学是一门值得深入探究的学科，其价值不言而喻。我想强调的是，使数学这门科学吸引学生的特质，也正是阻碍它成为教育工具的特质——从一般定理中衍生出的无穷无尽的推论，它们的复杂性，它们与初始思想的明显距离，方法的多样性，以及它们作为礼物带来的永恒真理的纯粹抽象性质。

当然，所有这些特点对学生而言都是极其宝贵的；多年来，它们吸引了许多才华横溢的人才。我唯一要指出的是，除了一些经过精挑细选的学生之外，对大多数学生来说，数学教育可能是灾难性的。学生们被数学中错综复杂的细节所困扰，这些细节既与伟大的思想没有明显的联系，也与日常思维没有明显的联系。最不应当采取的措施，便是在获取更多细节的方向上扩展这种数学训练。

我们的结论是，如果要将数学用于通识教育，那就必

---

① 译者注：这句拉丁语的意思是“全世界的裁决是确凿无疑的”，最初由圣奥古斯丁提出，用来反驳多纳特派，意在表明天主教会是真理的唯一裁判者。

须经过严格的筛选和适应。我的意思并不是说，无论我们在数学上投入多少时间，一般的学生都不会走得很远，这当然是显而易见的。但是，无论进步多么有限，科学的某些特征在任何阶段都是固有的，必须被严格排除。呈现给小学生的科学必须摒弃其晦涩难懂的外表。表面上，它必须直接而简单地处理几个具有深远意义的一般概念。

当前，在数学教学改革这一领域，现代教师有理由对其取得的成就感到自豪。改革中展现出的巨大活力，以及在如此短的时间内获得的惊人成就，都是值得称赞的。人们并不总是能够充分意识到，改变那些根植于公开考试背后的既定课程，是一项多么艰巨的任务。

然而，尽管挑战重重，我们仍然取得了显著的进步，而且，退一步说，那些陈旧的传统已经被打破。我想强调的是指导我们重建工作的指导思想，我已经用一句话概括了它，那就是我们必须致力于消除数学在教育应用中的晦涩难懂。

我们的教学计划应该是简明地阐释一系列明显重要的概念。所有华丽的旁枝末节都应该被严格排除。目标是让学生熟悉抽象思维，理解抽象思维如何适用于特定的具体情况，并掌握如何运用一般方法进行逻辑探究。在这种教育理想下，没有什么比教科书中无目的地堆砌定理更糟糕的了，这些定理之所以占据一席之地，只是因为孩子们可以把它们作为学习内容，考官可以据此给学生出考试题目。学生们要学习的知识都应该是极其重要的，因为它们能够阐释概念。这些例题——如果教师认为必要，可以尽量多——应该是对这些定理的直接阐释，无论是通过抽象的特殊案例，还是通过应用于具体现象。值得注意的是，如果考试中的例子实际上需要对深奥的细节有深入的了解，那么简化书面作业是毫无意义的。有一种错误的观念认为问题是用来测试学生的能力和天赋的，而书面作业是填鸭式的。这不是我的经验。只有那些为了奖学金而死记硬背的男孩才能成功地完成一篇有问题的论文。如果有直接的例子作为补充，那么适当编排的书面作业，而不是按照通常糟糕的教学计划编排的片段，是对能力的更好测试。但这些都是关于考试对教学不良影响的题外话了。

构成数学基础的核心概念其实并不深奥，它们更多的是抽象。将数学纳入通识教育的主要目的之一便是训练学生处理抽象概念的能力。数学作为首批抽象概念的集合，以精确的形式自然地融入学生的思考之中。在教育的语境下，数学涵盖了数的关系、量的关系和空间关系。这并非数学的普遍定义，在我看来，数学是一门更为广泛的科学；但我们目前讨论的是数学在教育中的应用。这三组关于数、量和空间的关系是相互交织的。

在教育实践中，我们鼓励学生从特殊案例中提炼出一般性原理。因此，应该通过简单的例子教授孩子们如何应用这些概念。我的观点是：我们的目标不应是无目的地积累一系列特殊的数学定理，而应是最终认识到，过去几年的努力已经阐明了那些根本重要的数、量和空间之间的关系。

这种训练应成为所有哲学思考的基石。实际上，正确构建的初等数学能够为普通人提供他们所能理解的哲学训练；但无论如何，我们都应避免无意义的细节积累。你可以举无数的例子，让孩子们学习几个学期，甚至几年；但这些例子应是核心概念的直接证明。只有这样，我们才能避免数学那致命的晦涩难懂。

我目前所指的并不是那些将成为专业数学家的人，也不是那些因专业需要而必须掌握某些数学细节的人。我们考虑的是所有学生的通识教育，包括上述两类人。这种对数学的普遍应用应该是对一些普遍真理的简单探索，并用实际的例子很好地阐释。这个研究应该是独立构思的，在思想上完全脱离上述的专业研究，这将是极好的准备。它的最后阶段应该是承认所做的工作所要阐释的一般真理。据我所知，目前的最后阶段是证明与三角形相关的圆的某些性质。数学家对这些性质非常感兴趣。但是，它们不是相当深奥吗？这些定理与博雅教育理想的确切关系是什么？古典文学学生所有语法学习的终点是阅读维吉尔和贺拉斯——这些最伟大人物的最伟大思想。当我们要求我们自己的科学教育有足够的代表性时，我们是否满足于认为数学训练的目的是让学生知道九点圆的性质呢？我坦率地问你，这不是“很掉价”吗？

这一代数学教师在重组数学教学方面做了大量艰苦的工作，因此没有必要对他们能够精心设计的课程感到绝望，这些课程将在学生的脑海中留下比“模棱两可的情况”更崇高的东西。

让我们深思，对于那些较为聪慧的学生，在初级课程结束时的最后复习应当如何进行。无疑，在一定程度上，这需要对所学的全部内容进行宏观的审视，不过分纠结于细枝末节，而是强调所使用的核心概念，以及它们在未来学习中可能扮演的重要角色。此外，解析和几何概念在物理实验室中有直接的应用，在物理实验室中，应当完成基础的实验力学课程。这里的主旨是双重的：物理概念和数学概念应当相互阐释，相互验证。

数学概念对于力学定律的精确表述至关重要。这样，学生就能切实感受到自然的精确规律，感受到这些规律在我们的经验中得到证实的程度，感受到抽象思维在表述自然规律中的作用。当然，整个主题需要详细的展开和充分的具体说明，而非仅仅停留在一些抽象的陈述上。

然而，过分强调仅通过最后的复习来直接解释之前学习的过程，将是一个严重的误区。我的观点是，这门课程的后半部分应当精心挑选，以便所有之前的数学工作背后的一般概念能够显现出来。这可以通过明显地引入新的主题来实现。例如，量的概念和数的概念是所有精确思维的基础。在之前的阶段，它们不会被明显地区分开，而孩子们在没有太多困难和数量的情况下被引导进入代数，这是非常恰当的。但在他们的课程结束时，他们中较为聪慧的人将通过仔细考虑导致引入数值测量的一般量的基本性质而获益匪浅。这个话题有一个优势，那就是让必要的书籍实际上触手可及。欧几里得《几何原理》第五卷被那些有资格做出判断的人视为希腊数学的典范之一，它所探讨的正是这一点。没有什么比这本书总是被忽视这一事实更能说明传统数学教育无可救药的狭隘特征了。它处理的是概念问题，因而遭到人们的排斥。当然，需要仔细选择更重要的命题并仔细修改论证。我们所需要的并不是整本书，而是其中体现基本观念的几个命题就足够了。这门课程不适合那些后进的学生，但学习好的学生肯定会对它感兴趣。对于量的本质，以及我们在处理量时应该应用哪些检验来确定，将有很大的空间进行有趣的讨论。这项工作将不会是空洞的讨论，而是在每一个阶段，应通过参考实际案例来说明数量特征是缺失的、模糊的、可疑的，或是明显的。温度、热量、电流、快乐和痛苦、质量和距离，也可以考虑在内。

另一个值得阐述的概念是函数。在解析学中，函数的地位相当于物质世界的法则，也相当于几何学中的曲线。学生们从代数学习的初步阶段，即从绘制图表开始，就已接触了函数与曲线之间的联系。近年来，在图表绘制方面实现了显著的革新。但在当前阶段，可以说，它要么做得过火，要么做得不够。仅仅绘制图表是不够的，图表背后的理念，正如持枪者之于枪，才是其效力的源泉。目前，有一种趋势是仅仅让学生绘制曲线，却忽视了背后的问题。

在学习普通代数函数和三角函数的同时，我们也开始了对物理定律精确表达的学习。曲线是表达这些定律的另一种形式。简单的基本定律，如平方反比和直线距离，应该被评估，并考虑使用简单函数来表达物理定律的重要实例。我不禁想到，对这一问题的最终评估，很可能采取的形式是让学生学习应用于简单曲线的微分学的一些基本概念。变化率的概念并不特别难以掌握：可以轻松实现对 x 的几个幂的微分，如 $x^2$，$x^3$ 等；或许在几何学的帮助下，甚至可以对 sin x 和 cos x 进行求导。如果我们能够摒弃那种糟糕的习惯，即向学生灌输他们既不理解也永远不会使用的定理，那么，就会有足够的时间让他们将注意力集中在真正重要的问题上。我们可以让他们熟悉那些真正影响思维的概念。

在离开物理定律和数学定律这一话题之前，需要指出的是，精确的定律从未真正通过观察得到证实，但其全部精度可以很容易地解释，并提供很好的例子。此外，统计定律——即只有在大数平均情况下才能满足的定律——也可以很容易地研究和解释。实际上，稍微研究一下统计方法及其在社会现象中的应用，就会发现代数思想应用的最简单例子。

另一种概括学生观念的方法是利用数学史来进行概括。数学史不应仅被视为人名和日期的汇编，而应被视为对一般观念思潮的阐述，这种思潮使得数学问题在最初提出时就引起了人们的兴趣。我在此提请大家注意这个问题，只是想指出，或许正是这个问题最能达到我所期望的结果。

至此，我们已经讨论了两个主要问题，即量的一般概念和自然规律，这应该是博雅教育数学课程的研究对象。然而，数学还有另一个不容忽视的方面，即它是逻辑方法训练中的主要工具。

那么，什么是逻辑方法，怎样才能训练学生掌握逻辑方法呢？

逻辑方法不仅仅是关于有效推理类型的知识和对这些推理类型所需专注力的实践练习。当然，即便仅是这样，它也极为重要，因为在过去的年代，人类的思维方式并不是为了推理而进化的，而是为了使人更熟练，以便能在两餐之间寻找到新的食物。因此，很少有人能在未经大量实践的情况下就能做到严密推理。

更为关键的是，要让学生成为出色的推理者，甚至用那些构成技艺本质的知识来启发普通人。推理的艺术在于正确把握主题，捕捉那些能够揭示整体的少数一般性概念，并坚持不懈地将所有辅助事实围绕它们组织起来。除非通过不断的练习，已经意识到自己掌握了重大概念并紧紧抓住这些概念的重要性，否则，没有人能成为优秀的推理者。对于这种训练，我认为几何比代数更为有效。代数的思想领域相当模糊，而空间则是显而易见的、持续存在的、人人都熟悉的。简化或抽象的过程，即把物质的所有无关属性，如颜色、味道、重量等置之度外，本身就是一种教育。此外，这些定义和未经证明的假设命题，说明了对主题材料的基本事实及其相互关系形成明确概念的必要性。这一切都只是这门学科的序曲。当我们讨论它的发展时，它的优势将更加明显。无论符号规则多么简单，学习者一开始都会遇到一些干扰记忆的符号。此外，如果推理从一开始就进行得当，那么学生的头脑就可以由明确的概念来主导，并指导其后每一个发展阶段。由此，逻辑方法的本质获得了直接的示范。

现在让我们暂时将普通学生的迟钝和其他科目的时间压力所带来的限制放在一边，考虑一下几何在博雅教育中所能提供的东西。我将指出这个主题的一些阶段，并不意味着它们一定要按照这个排他的顺序来研究。

第一阶段是学习全等。在实践中，我们对全等的感知依赖于当物体的外部环境发生变化时，我们对其内在属性不变的判断。但无论它是如何产生的，全等在本质上是两个空间区域的点对点的关联，因此所有的同源距离和所有的同源角度都是相等的。需要注意的是，长度和角度相等的定义是它们的全等，而所有相等的检验，如码尺的使用，都只是为了便于立即判断全等的手段。我说这些话是为了表明，除了与之相关的推理之外，由于全等既是一个更大、更深远的概念的例子，也是有其自身的缘故，全等概念是非常值得认真考虑的。有关它的命题阐明了三角形、平行四边形和圆形的基本性质，以及两个平面之间的相互关系。将这部分的证明命题限定在最狭窄的范围内是非常可取的，部分方法是假定全等的公理命题，还有部分方法是只引入那些绝对重要的命题。

第二阶段涉及对相似性的学习。这一主题可以浓缩为三四个基础命题。相似性是全等概念的延伸，与全等一样，它也是空间中点与点之间一对一对应关系的另一个实例。这一学科的进一步学习，很可能将沿着探索相似直线图形的位置和性质的简单特征方向发展。相似性的原理在平面几何和制图学中有着直接的应用。然而，至关重要的是要认识到，三角学实际上是使这些核心定理得以应用的桥梁。

第三阶段聚焦于三角函数的基本原理。这一部分是对由旋转产生的周期性现象，以及在相似图形间保持的固有联系的研究。在这里，我们首次引入了基于数和量的代数解析的初步应用。函数的周期性特征的重要性必须得到充分的阐释。这些函数的基本属性对于解决三角形问题及其在测量学中的后续应用至关重要。如果一本教材充斥着大量公式，而这些公式虽然本身可能极为重要，但对于学习过程并无实际帮助，除非学生能够直接从教材中证明这些公式，否则我们应该严格排除它们。

排除公式的问题最好通过考虑三角函数的具体例子来阐述，尽管我也可能会不幸地遇到一个判断失误的例子。即使只学习单一角度的三角函数，而不涉及正弦、余弦以及两角和的加法公式，我们仍能获得这门课程的大部分教育优势。这些函数可以通过图形表示，并且用于解三角形。因此，这门学科的三个方面：（1）从解析角度体现了由全等和相似性推导出的定理的直接结果；（2）作为测量学中主要问题的解决方案；（3）作为研究周期性和波动所需的基本函数，都将通过教材和实例给学生们留下深刻印象。

若我们有意进一步拓宽这门课程的范畴，便应当引入一些额外的公式。然而，我们必须非常谨慎，避免让学生在训练中陷入大量的公式堆砌。所谓避免，是指学生不应投入过多的时间和精力去掌握任何非必要的推理技巧。教师们可能认为，在授课前展示几个这样的例子颇具趣味，但这些并非学生必须铭记的内容。此外，我打算将外切圆和内切圆的全部主题从三角学及之前的几何课程中剔除。这些内容虽看似精妙，但我并不认为它们在初级非专业课程中具有实际应用价值。

因此，关于三角学的实际书本知识应当被精简至极易掌握的程度。日前有人向我透露，一所美国大学要求学生在三角学领域熟记高达 90 个公式或结论。我们的情况尚未达到那般极端。实际上，在三角学领域，就我们的基础课程而言，我们已经近乎达到了这里所描绘的理想状态。

第四阶段是解析几何的学习。在代数中，对图形的研究已经运用了基础概念，当前的任务是对直线、圆和三种圆锥截面进行严格的修正，并以它们的方程形式来定义。在此，有两点需要阐明。我们常常希望向学生传授一些我们无法证明的数学信息。例如，在坐标几何中，一般二阶方程的化简可能超出了我们所考虑的大多数学生的能力范围。但这并不妨碍我们阐释圆锥曲线的基本位置，因为它涵盖了这种曲线的所有可能类型。

第二种观点主张将“圆锥曲线几何”作为一门独立学科彻底摒弃。自然，在恰当的场合，借助一些简单图形的直接推理，可以为解析几何的分析带来一定的便利。然而，基于焦点和准线性质定义的几何二次曲线存在明显的不足，这一领域存在着根深蒂固的深奥性。圆锥曲线的基本定义，SP = e · PM，在数学课程的这个阶段通常显得非常糟糕，深奥难懂，且缺乏明显的实际意义。为何要研究这样的曲线，而不是那些由无数其他公式定义的曲线呢？但当我们开始探索笛卡尔方法时，一阶和二阶方程自然是首先要考虑的。

在这门理想的几何课程中，第五阶段是探讨射影几何的要素。交叉比和投影的一般概念在此占据基础地位。投影是我们在讨论全等性和相似性时已经遇到的一对一关联的一个更普遍的例子。在此，我们必须再次警惕，避免陷入令人眼花缭乱的大量细节之中。

射影几何所要阐释的知识观念是，在推导所有可以被证明共同具有某些相同性质的情况的相关性时，这种推理的重要性何在。在射影变换中保持射影性质是这门学科的一个重要教育思想。交叉比仅作为基本的度量性质而被保留。所要考虑的几个命题被选用来说明这两个类似的流程因这个方法而成为可能。一种是简化证明。这里的简化是心理上的，而非逻辑上的——因为一般情况在逻辑上是最简单的。它的意思是：通过考虑我们最熟悉的，或者最容易想到的情况来证明；另一种方法是从已知的普遍真理中演绎出特殊的事例，只要我们有了发现这些事例的方法或有了检验这些事例的标准。

圆锥曲线的射影定义以及与一般二阶方程曲线的一致

性，都可以进行简单的讲解，但它们处于这一学科的边缘，对它们可以给出一些信息，但不需要给予证明。

设想中的几何学课程，以其整体的理想性而言（尽管这些理想可能永远无法完全实现），其时间跨度并不算长。在每一阶段的数学教材中，实际的数学演绎法都是相当罕见的。然而，应当提供更多的解释，每个命题的重要性都应通过例子来阐明，这些例子要么是计算得出的，要么是由学生们自己完成的。这些例子应当被精心挑选，以展示命题所适用的思想领域。通过这门课程，学生们将获得对空间主要性质的深刻分析，以及研究这些性质的主要方法。

在这种精神的指导下，对数学要素的学习不仅是对逻辑方法的训练，同时也是对建立在宇宙科学和哲学研究基础上的精确概念的掌握。我们这代人在数学教学方面已经取得了卓越的成就，要将这种更广泛、更具哲学意味的精神融入课程中，是否容易呢？坦率地说，我认为仅凭个人的努力是很难实现这一目标的。由于我已经简要指出了原因，所有的教育改革都难以实施。但是，只要这种理想深植于广大教师的心中，共同努力的持续力量就能发挥巨大作用，并最终带来令人惊叹的变革。逐渐地，我们所期望的教材将会被编写出来；逐渐地，考试形式也会进行改革，以强化这门学科不那么技术性的方面。最近的一切经验表明，大多数教师都愿意接受任何切实可行的方法，以免数学这门学科被指责为机械而死板的学科。

# 第七章
# 大学及其功能

## 一、大学教育的扩张[①]

大学教育的扩张是现代社会发展中一个显著的趋势。各国都在积极参与这一进程，尤其是美国，它因此占据了全球教育的领先地位。然而，即便是好运的恩赐，也可能带来挑战。如果缺乏对大学应为国家服务的核心职能的广泛理解，大学在机构数量、规模和内部组织复杂性上的增长，可能会损害其根本的效用。关于重新审视大学职能的必要性，这些评论适用于所有较为发达的国家，尤其适用于美国，因为美国在这一发展中已经走在前列，如果得到明智的引导，这一发展可能成为文明迄今最幸运的进步之一。

① 本章的节标题系译者所加，原文没有节标题。

本文将仅探讨最普遍的原则，尽管任何一所大学的各个院系所面临的特殊问题无疑是繁多的。但概括性的讨论也需要具体的例子来支撑，因此我选择了一所大学的商学院作为案例。选择商学院的原因在于，它是大学发展的一股新兴力量之一。它们与现代国家的主要社会活动紧密相关，因此，是大学活动影响国家生活的绝佳例证。同样，在我所服务的哈佛大学，一所规模宏大的商学院刚刚成立。

在全球为数不多的顶尖大学中开设如此大规模的培训学院，无疑是一项新奇之举。这标志着多年来在美国各大学建立类似院系的运动达到了顶峰。这是高等教育领域出现的新现象，仅凭这一点，就足以证明对大学教育的目的及其对社会有机体福祉的重要性进行一些普遍反思是合理的。①

商学院的新颖性不容忽视。大学教育从未局限于纯粹的抽象学习。意大利的萨莱诺大学是欧洲最早的大学之一，专注于医学研究。1316 年，英国剑桥成立了一所学院，专门为国王培养服务人员。至今，各类大学已经培养了众多神职人员、医务人员、律师和工程师。商业已经成为高度智能化的职业，因此它很适合加入这一行列。然而，新奇之处在于：适合商学院的课程和商学院的各种活动模式仍在试验阶段。因此，在塑造这些学院的过程中，回归一般原则具有特别的重要性。然而，如果我要考虑任何细节，

---

① 译者注：黑体字系译者所加。

甚至是影响整个培训平衡的政策类型，那将是妄自尊大的。对于这类问题，我并无专门知识，因此也无法提出具体的建议。

## 二、大学的核心职能

大学不仅是教育的殿堂，也是研究的圣地。然而，大学之所以存在，其根本原因不单是向学生传授知识，也不单是为教职员工提供研究的平台。

如果大学不承担这两项功能，它们完全可以以更低的成本在其他地方实现。书籍成本低廉，学徒制度也易于理解。就信息传递而言，自 15 世纪印刷术普及以来，大学似乎已无存在的必要。然而，大学建立的主要动力正是在那个时期之后形成的，在近现代甚至有所增强。

大学存在的真正理由在于，它将年轻人与老年人汇聚一处，共同进行富有想象力的学术探索，从而在求知欲与生活激情之间搭建起桥梁。大学确实传授知识，但它以丰富的想象力去传授。至少，这是它应当为社会履行的职责。如果一所大学在这方面表现不佳，那么它就失去了存在的意义。这种通过富有想象力的思考而产生的激动氛围，能够推动知识的转化。由此，事实不再是单纯的事实：它们被赋予了无限可能。它们不再仅是记忆的负担：它们变得充满活力，成为激发我们梦想的诗人，成为为我们构建目标的建筑师。

想象力绝不能脱离事实，它实际上是照亮事实的一盏明灯。其作用原理在于，首先提炼出适用于现有事实的普遍原则，然后对那些与这些原则相符的各种可能性进行理性的探索。它能够帮助人们构建关于新世界的理性图景，并提出令人向往的目标，从而使生活的热情得以持续。

年轻人天生富有想象力，如果这种想象力经过培养和加强，其所蕴含的能量在很大程度上将能够终生保持。世间的悲剧在于，富有想象力的人常常缺乏经验，而有经验的人又往往缺乏想象力。愚蠢之人因无知而仅凭想象行事；学究则因缺乏想象力而仅凭知识行事。大学的任务便是将想象力与经验有机地结合起来。

在青春活力充沛之际对想象力进行最初的培养时，不应要求其对直接的直觉行动负责。当要求学生每天遵循具体的组织纪律时，很难培养出公正无私的思维习惯，即从一般原则中推导出各种理想的例证。你必须能够自由地思考，无论思考结果正确与否，自由地去体验宇宙的丰富多彩，同时又不受可能由此引发的风险的干扰。

这些关于大学一般职能的思考，可以迅速转化为商学院的特殊职能。我们不应回避这样的断言：这类学院的主要职能在于培养对商业抱有更深厚热情的人才。将追求生活贬低为以狭隘的物质享受为平庸目的的看法，此乃是对人性的误解。人类凭借其天赋的开拓精神，通过其他诸多方式，已经宣告了这种谬误的虚假性。

在现代复杂的社会有机体中，生命的探险与智力的探险是不可分割的。在简单的环境下，探险者可以依靠自己的本能冲动，从山顶直奔他视野所及之处。但在现代商业的复杂组织中，在任何成功的重组之前，都必须进行分析和富有想象力的重组的智力探险。在一个更简单的世界里，商业关系较为简单，它基于人与人之间的直接接触和与所有相关物质环境的直接对抗。而今天的商业组织则需要对从事不同职业的人们的心理具有富有想象力的掌握，对分布在城市、山区、平原、海洋、矿山、森林中的人口，都要有这种掌握。这就需要对热带地区和温带地区的条件具备富有想象力的把握；这需要对大型组织的相互关联的利益，以及整个复杂组织对其中一个要素的任何变化的反应，具备富有想象力的把握；这需要对政治经济规律有富有想象力的理解，这种理解不仅是抽象的，还要有能力根据具体业务的特殊情况来解释它们；这需要了解政府的习惯，以及这些习惯在不同条件下的变化；这需要对任何人类组织的凝聚力有富有想象力的看法，对人性的局限性和唤起忠诚服务的条件有同情的看法；这需要一些关于健康规律、疲劳规律和持续可靠性条件的知识；这需要对设立工厂会对社会产生哪些影响具有想象力丰富的理解，它要求对现代社会中应用科学的作用有充分的认识；这需要对性格的约束，这种约束能够对别人说“是”和“不”，不是出于盲目的固执，而是出于对相关选择的有意识评估而产生的明确答案。

大学培养了我们这个文明世界的智力先驱——牧师、

律师、医师、政治家、科学家和文学家。这些知识始终是理想的发源地，这些理想引导人们直面当今时代的混乱和困扰。清教徒们离开英国，根据他们的宗教信仰的理想建立了社会和国家；他们早期的行动之一是在美国马萨诸塞州东部的坎布里奇建立了哈佛大学，以英国古代理想之母的名字给其命名，他们中的许多人都是在那里接受训练的。现在从事商业活动所需要的智力和想象力，与过去主要通过其他职业获得的智力和想象力是一样的；而大学正是为欧洲各民族的进步提供这种智力的机构。

在中世纪早期的历史篇章中，大学的诞生并非伴随着锣鼓喧天，而是几乎无人注目。它们是悄然之间自然发展起来的。然而，正是这些学府的存在，成为了欧洲在众多活动领域中持续快速进步的源泉。通过大学的力量，行动的探险与思想的探险得以结合。在此之前，人们难以预见这样的组织会取得成功。即使在今日，面对人类诸多不完美的事物，有时也难以理解大学是如何在实践中取得成功的。当然，大学工作中也存在许多不足；但是，纵观历史，我们不难发现，大学的成功是非凡的，且几乎是普遍的。意大利、法国、德国、荷兰、苏格兰、英格兰和美国的文化史都见证了大学的影响。我所说的“文化史”，主要不是指学者的生活，而是指那些为法国、德国和其他国家带来人类成就的人的生活，这些成就增添了生活的热情，构成了我们爱国主义的基础。我们都愿意成为能够做出这些成就的社会的一员。

然而，一个巨大的困难阻碍着人类所有更高层次的努力。在现代，这种困难甚至增加了产生不良后果的可能性。在任何大型组织中，年轻人作为新手，他们必定会被安排去做服从命令、执行固定职责的工作。没有哪个大公司的总裁会在办公室门口迎接最年轻的员工，并向他们提供公司工作中最重要的任务。这些年轻人按照固定的日程工作，甚至只能在总裁进出大楼时偶尔看到他。这样的工作是一项重要的训练，它能传授知识，培养可靠的品格，这是青年初入社会时唯一适合的工作，也是让他们能被雇用的工作。这种习惯无可非议，却可能产生不幸的影响——长时间的日常工作会使人的想象力变得迟钝。

其结果是，在职业生涯后期必不可少的素质往往在早期就被淘汰了。这只是一个更普遍事实的例子，即必要的卓越技术或业务优势只能通过训练来获得，而这种训练往往会损害指导技术技能的心灵能量。这是教育中的关键事实，也是教育中大多数困难的根源所在。

大学在为从事智力职业（如现代商业或较老的职业之一）做准备方面的作用，应该是促进对该职业所依据的各种一般原则的富有想象力的思考。这样，大学生在进入他们的技术学徒期时，他们的想象力已经在将细节与一般原理联系起来方面得到了锻炼。于是，例行公事就获得了它的意义，同时也阐明了赋予它这种意义的原则。因此，经过适当训练的人有希望通过详细的事实和必要的习惯来获得想象力，而不是仅仅依靠盲目的经验来做苦差事。

因此，大学的核心职能在于借助想象力来获取知识。除了想象力的至关重要性之外，商人和其他专业人士没有理由不根据特定场合的需求去逐步搜集事实。大学若缺乏想象力，便失去了其本质——至少变得毫无实际价值。

## 三、大学教育的艺术

想象力如同一种无形的感染力。它无法用尺子测量，也无法用秤来称重，更不能由教师直接传授给学生。它必须由满怀想象力的教师传递给学生，而教师自身首先必须充满想象力。这不过是重申了一个古老的观点。两千多年前，古人用代代相传的火炬来象征学习，那明亮的火炬正是我所说的想象力。**大学教育的全部艺术在于培养一支富有想象力的教师队伍，这是大学教育中至关重要的问题。**[①]如果我们对此不够重视，我们引以为傲的近年来大学在学生数量和活动种类上的大量扩张，由于未能妥善处理这一问题，将无法达到预期的效果。

想象力与学习的结合通常需要一定的闲暇，不受过多束缚，远离烦恼的侵扰，拥有丰富多彩的体验，以及受到不同意见和才能的刺激。此外，还需要好奇心的激励，以及由对周围社会在促进知识进步方面的成就感所激发的自信。想象力不是一劳永逸地获得后，就可以无限期地保存

① 黑体字系译者所加。

在冰箱里，按需定期取用。博学多才和富有想象力的生活是一种生存方式，而不是一种商品。

在大学里，教育和研究这两种职能应当紧密结合，为的是提供和利用这些条件，以建立一支高效的教师队伍。你希望老师们富有想象力吗？那就鼓励他们进行研究。你希望研究人员富有想象力吗？那就让他们在人生中最有活力、最富有想象力的时期，在这些知识分子刚刚进入成熟阶段的时候，让他们与年轻人在理智上产生共鸣。让研究人员面对那些活跃的、可塑性强的心灵，面对他们的世界毫无保留地分享知识；让那些年轻的学子们通过与那些具有理智探险经验的心灵相接触，从而让他们的理智成长得更加丰富和完善。

教育是对生活探险的训练；研究则是培养智力探险的学科；大学应当成为年轻人与老年人共同探险的乐园。对于成功的教育而言，所涉及的知识必须永远带有一丝新鲜感。这种知识要么本身就是全新的，要么必须具有某种新颖性，以适应新时代的新世界。知识并不比鱼更能长久保存。你讲授的或许是古老的知识，古老的真理；但对于学生们来说，无论如何，你必须设法让这些知识宛如刚从海洋中捕捞上来的海鲜，充满直接意义的新鲜感。

学者的作用是将智慧与美融入生活，若无学者那神奇的魅力，这些智慧与美便会消逝在历史的长河中。一个持续进步的社会依赖于其包含的三个群体——学者、发现者和发明家。社会的进步还依赖于这样一个事实：受过教育的大众由每个都拥有一点学识、一点发现和一点发明的个体组成。在这里，我用“发现”一词来指代知识的进步，这方面的真理具有高度的普遍性；而用“发明”一词来指代技术的进步，这方面的知识是以满足当前需求的特定方式应用普遍真理。显然，这三类人是相互交融的，而且，从事实际事务的人只要对社会进步有所贡献，就可以被恰当地称为发明家。然而，每个人的作用都有其局限性和特殊需求。对一个国家而言，重要的是其各种进步因素之间应有非常密切的联系，使得学习能够影响市场，市场也能影响学习。大学是将进步活动融合为有效进步工具的主要机构。当然，大学并非促进进步的唯一机构，但实际上，今天那些不断进步的国家，其大学都在蓬勃发展。

但是，我们绝不能认为，一所大学在原创思想方面的产出仅能用发表或出版署有作者姓名的论文或著作来衡量。人类在其产出方式上和在其思想的实质上都是个体的。对于那些思想最丰富的人来说，用文字写作或者以书面形式来阐述自己创造的思想似乎是不可能的。在每个学院，你都会发现一些杰出的教师并不在那些发表论文或出版专著的人员之列。他们的独创性需要通过讲课或个人讨论的形式与学生直接交流来表达。这些人拥有巨大的影响力，然而，在他们这一代学生去世后，他们便沉睡在无数对人类有恩却未得到感谢的人之中。幸运的是，他们中有一位流芳百世，那就是苏格拉底。

因此，根据署名论文或著作来评价教师的价值是极其有害的。而目前在英国就有陷入这种错误的倾向，我们有必要对当局的态度提出强烈抗议，因为这种态度有损效率，不利于大公无私的热情。

然而，当我们综合考量这些情况时，评估教师队伍整体效率的一个有效方法便显现出来，那就是作为一个整体，他们在创造新思想方面的贡献，以论文和专著的形式体现。这样的价值应当以思想的深度来衡量，而非以字数来衡量。

这项研究表明，大学教师的管理与商业组织的管理没有可比性。教师的舆论和对大学宗旨的共同热情，是保障高水平大学工作的唯一有效手段。教师应当是一群相互激励、自由决定各种活动的学者。你可以设定一些正式要求，比如规定时间上课，要求老师和学生都出席，但问题的核心超越了所有的监管。

教师的公平待遇与这一问题关系不大。在任何法律条件下，就时间和工资而言，雇佣一个人执行任何法律服务都是完全公平的。没有人非得接受这个职位，除非他愿意。

唯一的问题是，什么样的条件才能培养出管理一所成功大学的师资队伍呢？危险在于很容易产生完全不合格的教师——由效率很高但缺乏实际能力的学究和笨蛋组成的教师队伍。只有在大学阻碍了年轻人的前途几十年之后，普通大众才会发现优秀教师和不合格教师的区别。

伟大民主国家的现代大学制度只有在最高当局实行非凡克制的情况下才会成功，因此他们要记住，不能按照适用于熟悉的商业公司的规则和政策来对待大学。商学院也不例外，它也要遵循大学生活的这一规律。许多美国大学的校长最近在公开场合就这个话题已经作了很多讲话，我实在没有什么可补充的了。但是，无论是在美国还是在其他国家，在普通公众中那些颇有影响的人是否会听从他们的建议，似乎是值得怀疑的。就教育而言，大学的全部意义就在于将年轻人置于一群富有想象力的学者的智力影响之下。正如经验所表明的那样，对产生这样一个群体的条件，我们必须予以适当的关注。

## 四、大学提供的礼物

欧洲历史上最悠久、最尊贵的两所大学当属巴黎大学和牛津大学。我将谈谈我祖国的大学，因为我对它最为熟悉。牛津大学可能在许多方面存在不足；但是，尽管存在种种缺陷，它在各个时代都保持了一个至高无上的优点，与之相比，所有细节上的失误都显得微不足道，如同天平上的尘埃一般：一个世纪又一个世纪，在漫长的历史长河中，它孕育了一代又一代富有想象力的学者。仅凭这一贡献，任何热爱文化的人在想到它时都不能不心潮澎湃，思绪万千。

然而，我无须远涉重洋寻找例证。《独立宣言》的起草者杰弗逊，可谓最伟大的美国人之一。他所取得的成就堪称完美，无疑使他跻身于历史上少数伟人的行列。他创办了一所大学，并投入了他卓越的天才的一部分，以确保这所大学置身于各种能够激发想象力的环境中——无论是建筑之美、环境之美，还是设备和组织的每一项其他激励。

美国还有许多其他大学可以证明我的道德价值观，但我的最后一个例子是哈佛大学——清教徒运动的标志性大学。17 世纪和 18 世纪的新英格兰清教徒是最富有想象力的人，他们克制自己的外在表达，害怕身体美的象征意义，但实际上，他们被理智想象的精神真理的强度所折磨。那些世纪的清教徒一定是富有想象力的，他们培养出了享誉世界的伟人。后来清教主义逐渐软化，在新英格兰文学的黄金时代，爱默生、洛厄尔和朗费罗在哈佛留下了深刻的印记。随后，现代科学时代逐渐到来，在威廉·詹姆士身上，我们再次发现了典型的富有想象力的学者。

今天，商业已经进入哈佛，这所大学所能提供的礼物是古老的想象力，这把火炬从一个人手中传递到另一个人手中。这是一个危险的礼物，它已经引发了许多冲突。如果我们对这只危险的老虎感到畏惧，那么正确的做法是关闭我们的大学。想象力是一种天赋，人们常常把它与伟大的商业民族联系在一起，与希腊、佛罗伦萨、威尼斯、荷兰的学问以及英国的诗歌联系在一起。商业和想象力共同繁荣。这是所有渴望雅典所取得的不朽的伟大成就的人都必须为他们的国家祈祷的礼物：

雅典的公民，那种帝国精神，
以过去的辉煌，在主宰着现在。

对于美国教育而言，也应当追求这种崇高的理想。

# 第八章 思想的组织

本次演讲的核心议题是思想的组织，这一主题显然可以有多种不同的探讨路径。我计划更具体地阐述我自己的一些研究，这些研究与逻辑科学领域紧密相关。但如果我能成功地进行这一阐述，我渴望将这一叙述处理得当，以揭示它与构成一般科学活动基础的某些考量之间的联系。

科学时代发展成为一个有组织的时代的代表，这绝非偶然。有组织的思想是有组织行动的基石。组织是对各种要素的调整，使得这些要素的相互关系展现出某种预定的特性。一首史诗是组织的胜利，换言之，它是在不太可能成就一首好史诗的情况下取得的胜利。它成功地组织了大量的语音、词汇联想、日常生活中的各种事件和感受的形象记忆，并结合了对重大事件的特殊叙述。正如弥尔顿所定义的那样，它在整体上旨在激发一种情感，这种情感是简单而感性的，且充满了激情。成功史诗的数量与组织工作的难度成正比，或者说它们也可能成反比。

科学是对思想的组织。但史诗的例子提醒我们，科学并非对思想的任意组织，而是我们将努力确定的具有某种明确类型的组织。

科学如同一条河流，拥有两个源头，即实践的源头和理论的源头。实践源头是我们指导行动达到预定目标的愿望。例如，为正义而战的英国人求助于科学，使他们认识到了氮化合物的重要性。理论源头则是理解的欲望。现在我要强调的是理论在科学中的重要性。但为了避免误解，我最想强调的是，我并不认为这两个源头中的一个在任何意义上比另一个更高贵，或者在本质上更有趣。我看不出为什么努力去理解要比忙于正确安排自己的行动更高尚。两者都有其阴暗面：会有邪恶的目的指导着行动，也会有对理解的不光彩的好奇心。

即使在实践中，科学的理论方面的重要性也源于这样一个事实：行动必须是直接的，并且发生在极其复杂的情况下。如果我们要等到必要的时候才开始整理我们的想法，那么在和平时期，我们将会失去我们的贸易机会，而在战争时期，我们则将会在我们的战斗中失败。在实践中取得成功，取决于那些在其他探索动机的指引下，曾经涉足这一领域，并且偶然发现了相关思想的理论家。我所说的理论家并不是指一个高高在上的人，而是指这样一个人，他的思想动机是渴望正确地制定事件发生的规则。一个成功的理论家应该对眼前的事件非常感兴趣，否则他根本不可能正确地表述关于这些事件的任何事情。当然，科学的这两种来源都存在于所有的人身上。

那么，我们所称的科学思想的组织究竟是什么？现代科学给有洞察力的观察者留下深刻印象的第一个特征是其归纳性质。归纳的本质、重要性以及归纳逻辑的规则已经得到了一众思想家，特别是英国思想家如培根、赫歇尔、J. S. 密尔、维恩、杰文斯等人的深思熟虑。我不打算深入分析归纳过程。归纳是工具而非成果，我关注的是成果。当我们理解了成果之后，我们将更有能力去改进工具。

首先，有一点必须强调。在分析科学过程时存在一种倾向，即预设一组给定的概念适用于自然界，并设想自然规律的发现在于通过归纳逻辑从一组确定的可能的备选关系中选择某一种关系，这些关系可能存在于自然界中与这些明显概念相对应的事物之间。从某种意义上说，这个预设在科学的早期阶段是相当准确的。人类发现自己拥有某些关于自然的概念——例如，历史悠久的物质实体概念——并开始确定与自然界中相应的知觉相关的规律。但是，规律的表述改变了概念，这种改变有时是通过增加精确度而温和地发生的，有时则是剧烈地发生的。起初，这个过程并没有引起太多注意，或者至少被认为是一个局限在狭窄范围内的过程，并没有触及基本思想。在我们现在所处的阶段，可以看出，概念的表述与我们这样设想的连接宇宙中事件的经验法则的表述同样重要。例如，生命、遗传、物质、分子、原子、电子、能量、空间、时间、数和量的概念。我并不是在教条式地讨论理清这些想法的最佳方式。

当然，这只能由那些专门研究有关事实的人来做。成功从来都不是绝对的，在正确方向上的进步乃是缓慢的渐进过程的结果，这个过程需要不断地将想法与事实相比较。成功的标准是，我们应该能够表述经验法则，也就是说，能做出将宇宙的不同部分联系起来的关系陈述，而这些法则则具有这样的性质，即我们可以把我们生活中的实际事件解释为是我们关于这个相互关联的整体的零碎知识。

但是，就科学的目的而言，什么是真实的世界呢？难道科学要等到形而上学的辩论结束之后，才能确定自己的研究对象吗？我认为**科学的起点要平凡得多，它的任务是发现存在于构成我们生活经验的各种知觉、感觉和情感之间的关系。**[①] 由视觉、听觉、味觉、嗅觉、触觉和更早期的感觉所产生的全景乃是活动的唯一领域。因此，**科学是思想对经验的组织。**[②] 这个实际经验领域最明显的方面是它具有无序性。对每个人来说，它都是一个连续的、零碎的、没有明确区分的元素。对不同人的感性经验做比较有其自身的困难。我坚持认为，作为科学起点的实际经验领域是非常不规则和不协调的。在构建科学哲学时，掌握这个基本真理乃是智慧的第一步。这一事实被科学塑造的语言的影响所掩盖，它把精确的概念强加给我们，仿佛它们代表着经验的直接判决。其结果是，我们把我们直接体验到的世界想象为是由完美定义的物体所组成的世界，这些物体

---

① 黑体字系译者所加。

② 黑体字系译者所加。

与完美定义的事件有关，这些事件是我们通过感官的直接传递而知道的，发生在精确的时刻，发生在由精确的点组成的空间中，没有部分，没有大小：这个规则、整齐、精确的世界正是科学思想的目标。

我的观点是，**科学所构建的这个世界是一个观念的世界，其内部联系是抽象概念之间的联系，而阐明这个世界与实际经验感觉之间的精确联系，乃是科学哲学的核心问题。**①我邀请你们思考的问题是：精确的思想如何能够应用于零碎的、模糊的经验连续体？我并非质疑它的适用性，恰恰相反，我想知道的是，它究竟是如何被应用的。我寻求的解决方案不是华丽的辞藻，而是扎实的科学分支，它需要用耐心和细致去构建，以清晰地揭示这种一致性是如何实现的。

最初，将思想组织起来的重要步骤，完全源自科学活动的实践源泉，其中并未掺杂任何理论的冲动。它们的缓慢成就，是适度理性生物逐渐进化的原因，也是其结果。我指的是物质客体的确定性、时间流逝的确定性、同时性、重复性、确定的相对位置等基本观念的形成，根据这些观念，我们的流动经验在心理上得到了安排，以便于方便地参考。实际上，这就是常识思维的整个框架。在你的脑海中想象一些确定的椅子。椅子的概念仅仅是与椅子相关的所有相互关联的经验的概念——也就是说，制造它的人的

① 黑体字系译者所加。

经验，出售它的人的经验，看过或使用过它的人的经验，现在正在体验一种舒适支撑感的人的经验。结合我们对类似的未来期望，当椅子倒塌并成为木柴时，最终以不同的经验结束。这种概念的形成是一项艰巨的工作，动物学家和地质学家告诉我们，这项工作花费了数千万年的时间。对此我深信不疑。

我现在要强调两点。首先，科学植根于我刚才所说的常识思维的整体结构。这是它的起点，它也必须回到这个起点。如果我们觉得有趣的话，我们可以推测，其他星球上的其他生物，他们根据一种完全不同的概念代码来安排类似的经验，也就是说，他们把主要注意力集中在他们各种经验之间的不同关系上。但这项任务太复杂、太庞大，无法对其主要轮廓进行修改。你可以润色常识，你可以反驳细节，你可能对它感到惊讶，但最终你的全部任务是满足它。

其次，无论是常识还是科学，如果它们在某些方面不超越对经验中实际事物的严格考量，就无法继续承担组织思想的任务。请再次思考那把椅子。在构成这一概念的经验中，我包括了我们对其未来历史的预期。我应该走得更远，包括我们对所有可能经验的想象，在日常语言中，我们称之为对椅子的感知。这是一个难题，我看不出有什么解决之道。然而，目前，在空间和时间理论的构建中，如果我们不承认理想的经验，我们似乎就会面临无法克服的困难。

这种对经验的想象性感知，如果它们存在，就会与我们的实际经验相吻合，这似乎是我们生活的基础。它既不是完全任意的，也不是完全确定的。它是一种模糊的背景，只有特定的思想活动才能部分地确定它。例如，想一想我们对自己未曾见过的巴西植物群的想法。

理想的体验与我们对他人实际经验的想象性再现密切相关，也与我们几乎不可避免地认为自己从超出自身的外部复杂现实中接受印象这一概念密切相关。对每一个来源和每一种类型的经验进行充分的分析，可能会产生这样一种现实及其性质的论证性证据。的确，这是毫无疑问的。对这个问题的准确解释就是形而上学的问题。我在这篇演讲中要强调的一点是，**科学的基础并不依赖于形而上学的任何结论的假设；但是，科学和形而上学都是从同样的直接经验的给定基础开始的，并且在它们不同的任务中，大体上是朝着相反的方向前进的。**①

例如，形而上学要探究的是我们对椅子的感知如何将我们与真实的现实联系起来。科学则是将这些知觉集合成一个确定的类别，再加上在可分配的情况下可以获得的类似的理想知觉，科学所需要的就是这一组知觉的单一概念。

我目前面临的任务是探究科学结构的本质。科学本质上是逻辑的。科学概念之间的联系是逻辑联系，其详细主张的基础是逻辑基础。正如国王詹姆斯所说：“没有主教就

① 译者注：这是怀特海提出的重要观点。黑体字系译者所加。

没有国王。”我们可以更自信地宣称：“没有逻辑，就没有科学。”我认为，大多数科学家本能地不愿承认这一真理，是因为过去三四个世纪以来逻辑理论的不足。这种不足可以追溯到对权威的盲目崇拜，在某些方面，这种崇拜在文艺复兴时期的学术界有所增加。于是，人类改变了自己的权威，这一事实暂时起到了解放的作用。但主要的事实是，我们可以发现，在现代文艺复兴运动开始的时候，我们就可发现对它的抱怨，这就是那时的学者们对古典作家的任何言论都毕恭毕敬。学者们成了真理的注释者，而这些真理特别的脆弱，根本无法翻译。一门科学如果对其创始人一直犹豫不决地忘不掉，那这门科学便是失败的。我把这种犹豫不决归因于逻辑的贫乏。人们对逻辑理论和数学的不信任的另一个原因是，他们认为演绎推理不能带来新东西，因为其结论已经包含在前提之中了，所假设的前提是你已经知道的东西。

首先，人们最终对逻辑的这种谴责，忽略了人类知识的碎片化和不连贯性。例如，星期一知道了一个前提，星期二知道了另一个前提，这在星期三对你来说确实是没用的。**科学是前提、推论和结论的永久记录，并始终通过与事实的一致性来得到证实。**[①] 其次，当我们知道前提时，我们未必就知道结论。例如，在算术方面，人类并非是喜爱计算的生物。任何理论只要声称它们能证明它们熟悉其所

① 黑体字系译者所加。

假设的绪论，那么这种理论一定是错误的。我们可以想象出拥有这种洞察力的人，但我们不是这样的生物。我认为，这两个答案都是正确且相关的。但它们并不令人满意。它们太像棍棒一样简单，过于表面化了。我们希望对这个问题所暗示的真正困难有更多的解释。事实上，真正的答案隐藏在我们对逻辑与自然科学的关系这一主要问题的讨论之中。

有必要大致地描述一下现代逻辑的一些有关特征。在这样做时，我将尽量避免进行深入的一般性讨论和占据传统逻辑主要部分的微小的技术分类。这是一门科学在其早期阶段的特征——而逻辑在这样一个阶段已经变成了化石——既在目标上雄心勃勃，又在处理细节上微不足道。

我们可以分辨出逻辑理论的四个部门。通过一个不太遥远的类比，我将这些部门或部分称为算术部分、代数部分、泛函理论部分、解析部分。我并不是说算术出现在第一部分，代数出现在第二部分，等等；但这些名称暗示了每个部分的某些思想性质，这些思想性质使人想起算术、代数、数学函数的一般理论以及特定函数性质的数学解析中的类似性质。

第一部分，也就是算术阶段，致力于探究确定命题之间的关系，正如算术致力于确定数字之间的关系一样。考虑任何一个确定的命题，我们将其称为“p”。我们设想总存在另一个与“p”直接矛盾的命题，我们将其称为“非p”。当我们有两个命题，p和q，我们可以从它们及其对立面形成新的命题。我们可以说，p 或 q 中至少有一个是真的，或者两个都是真的，我们将这个命题称为“p 或 q”。我可以顺便提一下，一位在世的最伟大的哲学家曾表示，“或”这个词的使用——也就是说，“p 或 q”在其中一个或两个都可能是正确的意义上——使他对精确表达感到绝望。我们必须勇敢面对他的不满，这对我来说是难以理解的。

这样我们就得到了四个新命题，即“p 或 q”“非 p 或 q”“p 或非 q”和“非 p 或非 q”。这些可以称为析取命题的集合。到目前为止，在所有的八个命题中，有 p、非 p、q、非 q，以及四个析取命题。这八个命题中的任何一对都可以取代前面讨论中的 p 和 q。因此，每对命题产生八个命题，其中一些可能是以前得到过的。这样下去，我们就得到了一组无穷无尽的命题，它们的复杂性越来越大，最终都是从两个原始命题 p 或 q 中派生出来的。当然，只有少数命题是重要的。同样地，我们可以从三个命题 p、q、r 开始，或者从四个命题 p、q、r、s 开始，以此类推。这些集合中的任何一个命题都可能是真或假，没有其他选择。无论验证其是真还是假，都可称其为命题的“真值”。

逻辑探究的第一部分是，当我们知道其中一些命题的真值时，如何确定我们所知道的这些命题的真值。就值得进行的探究而言，它并不是很深奥难懂，表达其结果的最佳方式是个细节问题，我现在就不讨论它了。这个探究形成了算术阶段。

逻辑的下一个部分是代数阶段。算术和代数的区别在于，算术考虑的是确定的数，而代数则引入了符号——即字母——来代表任何数字。数的概念由此也扩大了。这些字母代表任意数，有时被称为变量，有时被称为参数。它们的本质特征是其不确定性，除非它们所满足的代数条件确实隐晦地决定了它们。因此，它们有时也被称为未知数。带字母的代数公式是一种空白形式。当用确定的数代替字母时，它就变成了确定的算术语句。代数的重要性是对形式研究的赞颂。现在考虑下面的命题——

汞的比热是 0.033。

这是一个确定的命题，在某些限制下是正确的。但是命题的真值并不直接与我们有关。用一个字母来代替汞，以字母作为某种未确定物的名称，我们就可以得到——

x 的比热为 0.033。

这不是命题，罗素称它为命题函数。命题函数是代数表达式的逻辑类比。我们设 f（x）代表任意的命题函数。

我们还可以进一步概括，比如说：

x 的比热是 y。

因此我们得到另一个命题函数，F（x，y），它有两个参数 x

和 y，以此类推，对于任意数的参数都是如此。

现在，考虑一下 f（x）。x 有取值范围，对于这个范围，f（x）是一个命题，为真或为假。对于超出此范围的 x 值，f（x）根本不是命题，既不为真也不为假。它也可能对我们有模糊的暗示，但它没有明确断言的单位意义。例如：

水的比热为 0.033。

这是一个假命题：

美德的比热为 0.033。

我想，这句话根本就不是命题，因此，它既不为真也不为假，尽管它的各个组成部分在我们的头脑中引起了各种各样的联想。对于 f（x）有意义的这个取值范围，称为参数 x 的“类型”。

但是也存在在 x 值的范围内，f（x）是真命题。这是一类满足 f（x）的参数值。这个类可以没有成员，或者，在另一种极端情况下，类也可以是参数的整个类型。

因此，我们设想了两个关于无限数目的命题的一般命题，它们具有相同的逻辑形式，也就是说，它们是相同命题函数的值。其中一个命题是：

对于适当类型的 x 的每一个值而言，F（x）都会产生一个真命题；

另一个命题是：

存在一个 x 值，使得 f（x）为真。

给定两个或两个以上具有相同参数 x 的命题函数 f（x）和 φ（x），我们可形成派生的命题函项，即：

F（x）或 φ（x）F（x）或非 - φ（x）

通过对这些矛盾现象的类比推理，我们能够得出一个无穷的命题函数集合，正如在算术领域中所经历的那样。同样地，每一个命题函数都能衍生出两个普遍命题。从任何一个命题函数集合中产生的普遍命题，它们之间的真值关系构成了数理逻辑中一个简洁而优雅的分支。

正如我们所观察到的，在逻辑学的这一代数分支中，类型理论已经显现其重要性。若要避免引入误差，就必须重视它。至少，其理论需要建立在一些可靠的假设之上，即便这些假设并未触及问题的哲学根基。这一领域的主题是复杂且模糊的，尚未得到彻底的阐释，尽管罗素的杰出贡献已经为这一主题的研究开辟了道路。

现代逻辑的进一步发展得益于弗雷格和皮亚诺对逻辑变量重要性的独立发现。弗雷格在这方面的探索比皮亚诺更为深入，但遗憾的是，他所使用的符号使得他的作品变得难以理解，除非读者能够自行发现其含义。然而，这一逻辑运动的历史源远流长，可以追溯至莱布尼茨乃至亚里士多德。在这一领域，英国的贡献者包括德·摩根、布尔以及阿尔弗雷德·肯普爵士，他们的工作堪称典范。

逻辑学的第三部分，即泛函论阶段，标志着我们从内涵逻辑向外延逻辑的转变，并深入探讨了指称理论。在此阶段，我们选取命题函数 f（x），并考察存在 x 的类或取值范围，这些 x 的成员满足 f（x）。然而，同样的取值范围也可能是满足另一个命题函数 φ（x）的类的成员。因此，研究如何以一种在不同命题函数间无关紧要的方式表示一个类变得至关重要，这种方式仅由类的成员所满足的命题函数决定，且仅由该类本身满足。

我们的目标是分析关于类的命题的性质，这些命题的真值依赖于类本身，而非依赖于表示类的特殊意义。

此外，还有一类由描述性短语构成的命题，它们涉及所谓的个体，例如关于“现任英国国王”的命题，他确实存在；而关于“现任巴西皇帝”的命题，则表明这位皇帝并不存在。更为复杂但相似的是，涉及两个变量的命题函数问题涉及“关系性”的概念，正如一个参数的函数涉及类一样。类似地，三个参数的函数涉及三种关系性，以此类推。这一逻辑部分是罗素在其研究中特别强调的，并应始终保持其基础地位。我将其视为泛函理论的一部分，因为它的思想对于构造逻辑表示函数至关重要，这包括作为特殊情况的普通数学函数，如正弦、对数等。在这三个阶段的每一个阶段，如果要进入第四阶段，就必须逐步引入适当的符号。

逻辑学的第四部分是分析阶段，它研究特殊逻辑结构的性质，即特殊种类的类和关系。整个数学领域都包含在这一阶段。因此，这一部分内容非常广泛。实际上，它就是数学本身，不多也不少，但它包括了对数学思想的分析，这些思想迄今为止尚未包含在科学的范畴内，实际上，它们也根本没有被考虑过。这个阶段的核心在于建构。正是通过适当的构造，应用数学的大框架——包括数、量、时间和空间的理论——才得以详细阐述。

要解释数学是如何从类和关系性的概念中发展起来的，尤其是那些在第三节中建立的多种关系，即使是简短的提纲也难以涵盖。我只能提及这个过程的标题，它在罗素先生和我合著的《数学原理》中得到了详尽的阐述。在这一发展过程中，有七种特别引人注目的特殊关系类型。第一种类型涵盖了一对多、多对一和一对一的关系；第二类包括序列关系，即某些域的成员按照特定的顺序排列，使得在该关系定义的框架内，域的任何成员都位于其他成员之前或之后；第三类涉及归纳关系，这是数学归纳法理论所依赖的相关关系；第四类是选择关系，这是算术运算理论以及其他地方所必需的。著名的乘法公理正是与这些关系相联系而产生的；第五类包括矢量关系，由此产生了量的理论；第六类是比率关系，它将数与量联系起来；第七类探讨了几何中的三角关系和四角关系。

上述对专业术语的简单列举，虽然启发性有限，但有助于理解该学科的范畴。请记住，这些术语都是专业术语，无疑旨在提示，但仅在严格定义的意义上使用。批评家们对我们的方法持有异议，他们认为仅凭对词典中这些术语的理解就足以批评我们的程序或方法。例如，一对一的关系依赖于只有一个成员的类的概念，而这个概念的定义并不依赖于数字 1 的概念。多样性的概念正是所需。因此，类 α 只有一个成员，如果满足以下两个条件：

> (1) 满足命题函数“x 不是 a 的成员”的 x 的值的类，并不是 x 的所有相关值的全体；
>
> (2) 无论 x 和 y 在相关类型中取什么值，该命题函数都是假的。

对于涉及较大有限基数元素的情况，可以明显地采用相似的处理方法。因此，通过逐步推进，当前数学思想的整个体系都能被赋予逻辑上的明确定义。这一过程既详尽又劳神，而且，如同所有科学探索一样，不存在任何空谈的捷径。这个过程的核心在于：首先，根据命题的形式，也就是依据相关的命题函数，来构建概念；其次，依据逻辑代数部分所得到的结果，来验证关于这些概念的基本真理。

我们将会看到，在这一过程中，所有关于数、量和空间的特殊不可定义的数学概念以及特殊的先验数学前提都将不复存在。数学本质上是一种分析推理的工具，这些推理能够从任何特定前提出发，通过常识或更精确的科学观察得出，只要这些推理依赖于命题的形式。某种形式的命题在思维中反复出现。我们现有的数学是对这些形式相关演绎的分析，无论从实际应用还是从理论兴趣的角度来看，都具有一定的重要性。我在这里提到的是科学，因为它实际上就是这样存在的。数学的理论定义必须涵盖那些其推论完全依赖于命题纯粹形式的领域。诚然，没有人会愿意去发展数学中那些在任何意义上都显得不重要的部分。

对于逻辑思想的这一简略概述，它激发了一些深刻的思考。那么，问题随之而来：命题究竟有多少种形式？答案是，命题的形式是无限的。这一点揭示了逻辑科学被假定为内容贫乏或不结果实的原因。亚里士多德通过构想命题的形式，以及构想演绎是通过形式进行的，从而奠定了这门学科的基础。然而，他将命题的形式限定为四种，即现在所称的 A、I、E、O。只要逻辑学家们被这种不幸的限制所束缚，真正的进步就无法实现。而且，在形式理论中，亚里士多德以及后来的逻辑学家都接近于逻辑变量理论的边缘。但是，正如科学史所告诉我们的，接近一个真正的理论与掌握其精确应用是完全不同的两回事。每一件重要的事情以前都有人说过了，只是人们没有发现而已。

此外，逻辑推演并非显而易见，其中一个原因是，思维中并没有逻辑形式的问题。常识推理很可能是在某种观念的习惯性联想引导下，凭借盲目的本能从一个具体命题跳跃到另一个具体命题。因此，在面对大量材料时，常识就会失效。

一个更为重要的问题是，基于观察的归纳法与演绎逻辑之间的关系。在归纳法和演绎法的拥护者之间历来存在着对立的传统。在我看来，即使是蚯蚓的两头发生争吵也是明智的。对于任何值得拥有的知识，观察和推理都是必要的。如果不借助于命题函项，我们就不能得出归纳定律。例如，以观察到的事实的陈述为例：

这个物体是水银，它的比热是 0.033。

这样就形成了命题函数：

要么 x 不是水银，要么它的比热是 0.033。

这种归纳定律乃是对一般命题的真值的假设，即上述命题函项对相关类型中的每个 x 值来说都为真。

但有人反驳说，这个过程及其结论过于简单化，因此无须将其发展成一门复杂的学科。类似的，一个英国水手在海上航行时自然会知道海水是咸的。那么，对海水进行精细的化学分析又有何用呢？普遍的答案是，对你经常使用的方法了解得再深入也不为过；特殊的答案是，逻辑形式和逻辑蕴涵并非表面看上去那么简单，这一点整个数学领域都能证明。

研究逻辑方法的一个重要用途并不在于处理复杂的推论，而在于它能够指导我们理解科学中核心概念的形成。以几何学为例，构成空间的点是什么？欧几里得告诉我们，这些点没有部分，也没有大小。但是，点的概念是如何从科学起始的感官知觉中衍生出来的呢？显然，这些点不是直接由感官得出的。我们随处可见或不愉快地感觉到有某种东西在给我们提供关于点的线索。但这是一种罕见的现象，当然不能证明空间是由点组成的。我们对空间特性的理解不是基于对点与点之间关系的观察，而是产生于对物体之间关系的经验。物体之间的基本空间关系是一个物体可能是另一个物体的一部分。我们倾向于这样定义“整体与部分”的关系：部分所占据的点是整体所占据的点中的一些点。但是“整体和部分”的概念比“点”更为基础，这个定义实际上是循环的且不完整的。

因此，我们不禁要问，是否有可能提出“空间中整体与部分”的另一种定义。我个人认为这是可行的，即便我在这方面有所误判，也不会影响我的整体论点。我们已经得出结论，一个有广延的物体无非是其所有感知者——无论是实际的还是假想的——对它的一系列感知。当然，它不是任意的一系列感知，而是某种特定的感知类别，对于这一点，我在此并未给出定义，除非是以不完美的方式来把它们描述为对身体的感知。对身体某部分的感知构成了整个身体感知的一部分。因此，如果物体 a 和 b 分别对应于两类感知，且类别 b 包含在类别 a 之中，那么 b 就是 a 的一部分。从这个定义的逻辑结构可以立刻推导出，如果 b 是 a 的一部分，c 是 b 的一部分，那么 c 也必然是 a 的一部分。这样，“整体与部分”的关系就展现出了传递性。同样，认为一个物体是其自身的一部分也是合乎情理的。这仅仅是一个如何界定定义的问题。在这种理解下，这种关系也具有自反性。最后，如果 a 是 b 的一部分，同时 b 也是 a 的一部分，那么 a 和 b 必然是相等的。“整体与部分”的这些特性并非新的假设，而是遵循我们定义的逻辑结构。

如果我们假设空间具有理想的无限可分性，那么我们就必须做出假设。也就是说，我们必须假设每一类感知都是有广延的物体，它包含了其他与其自身不同的有广延的物体的感知的集合。这个假设是对理想的感知理论的一个大致框架。除非你以某种形式来构建几何学，否则几何学就会不复存在。这个假设并不是我论述中独有的。

这样，我们就有可能定义我们所说的点。一个点就是一些有广延的物体的集合，在日常生活的语言中，这些有广延的物体就是包含那个点的物体。在不预设“点”的概念的前提下，这个定义已经相当详尽，而我现在还没有足够的时间来进一步阐释它。

将点引入几何学的好处在于，它们之间的相互关系的逻辑表达具有简洁性。对于科学而言，定义的简洁性并非关键，但相互关系的简洁性却至关重要。这一原则的另一个例子是，物理学家和化学家将一个有广延的物体的简单概念，比如一个连孩子都能理解的椅子的概念，分解成令人费解的概念，即由分子、原子、电子和光波构成的复杂而跳跃的舞蹈般的存在概念。他们因此获得了逻辑关系更为简单的概念。

从这个角度来看，空间可以被视为对经验世界中常识性空间所具有的性质的精确描述。然而，这可能不是理解物理学家所构想空间的最佳方式。一个核心条件是，常识世界中的空间与物理学家的空间之间应保持一种确定且相互的一致性。

现在，我将结束与关于自然现象的科学有关的逻辑功能的讨论。我力求展示它作为一种组织原则，分析如何从直接现象中提炼出概念，研究作为假设的自然规律的一般命题的结构，根据它们相互之间的蕴含关系建立联系，并推导出在特定情况下我们可以预期的现象。

如果运用得当，逻辑不会限制思想，反而会赋予人们自由，最重要的是，逻辑可赋予人们勇气。不合逻辑的思维在得出结论时会犹豫不决，因为它既不明确自己的意图，也不了解其假设，更不确定对这些假设的信任程度，以及对假设的任何修改可能带来的影响。同样，未经受过与研究主题相关的建构逻辑训练的心灵，将无法理解从各种假设中得出的结论，并且在推断归纳法则时也会显得迟钝愚笨。毫无疑问，这种与逻辑相关的基本训练，是积极思考直接观察到的已知事实的一种方式。然而，只要有可能进行详尽的推演，这种思维活动就需要深入直接地研究抽象的逻辑关系，这正是应用数学的领域。

没有以观察为基础的逻辑，或者没有以逻辑为基础的观察，科学的发展都无法向前推进。我们可以将人类想象为年轻人与老年人之间两败俱伤的冲突。青春不是用年龄来定义的，而是用创造的冲动来定义的。老年人是那些在任何事情上都不愿犯错的人。因此，可以说逻辑是老年人向年轻人伸出的橄榄枝，而在年轻人手中，逻辑则变成了一根魔杖，这根魔杖拥有创造科学的神奇力量。

# 第九章
# 对一些科学概念的剖析

## 一、事实

物理科学的独特之处在于它摒除了所有价值判断，无论是审美还是道德。它纯粹关注事实本身，我们必须从这一角度来理解这句铿锵有力的话语：“人类是自然的仆人和臣子。”

这样的观点为思想领域留下了广阔的空间，即便在物理科学领域内，这片领域也显得过于宽广。它涵盖了本体论，即对真正存在的事物本质的探讨，换言之，就是形而上学。**从抽象的角度来看，对形而上学研究的排斥是令人遗憾的。形而上学研究对于科学价值的批判是必要的，它揭示了科学的本质。**[①] 形而上学与科学思想之所以谨慎地分

① 黑体字系译者所加。

离，纯粹是基于实用考虑；也就是说，我们在科学问题上经过适当的讨论后能够达成共识，而在形而上学问题上的讨论却往往加剧了分歧。科学和形而上学的这些特点在文明思想的早期阶段是出乎意料的。希腊人认为形而上学比物理学更为简单，并倾向于从事物本质的先验概念中推导出科学原理。他们以鲜明的自然主义和对直观的偏爱，抑制了这种灾难性的倾向。中世纪的欧洲也存在这种趋势，但没有任何限制。某些遥远的世代可能会对不合逻辑的问题达成一致的结论，而科学的进步可能导致根深蒂固的对立思想，这些思想既无法调和也无法抛弃。在这样的时代，形而上学和物理科学可能会互换角色。同时，我们也必须随机应变。

然而，问题依然存在。如果没有对科学真理的初步确认，人类如何能够对科学达成共识呢？答案必须通过对构成科学活动领域的事实进行分析才能找到。人类在感知，并在思考自己的感知。重要的是思想，而不是非思想的感知元素。当直接的判断形成时——看，这是红色！——如果我们能想象在其他情境下——在更理想的情境下——或许——判断会是——嘿，蓝色！或者嘿，什么都没有！无论如何，当时它仍然是红色的。其他一切都是假设性的重建。物理科学领域正是由这些原始思想和关于这些思想的思考所构成的。

但是，为了避免混淆，必须指出，在前述关于原始知觉思维的例子中，存在一种人为的简化。虽然“嗨，红色!”常常是人们在心中首先浮现的口头表达，甚至在心中默默念叨的想法，但它并非真正原始的知觉性思维。没有任何事物是孤立存在的。对红色的知觉实际上是对红色物体的知觉，并且这种知觉是在物体与知觉意识整体内容的关系中进行的。

在这些关系中，最容易分析的是空间关系。在直接知觉中，红色物体仅仅是一个红色物体，因此更恰当的称呼是“红色的物体”。因此，更贴近直接知觉判断的说法应该是，“嗨，那里有一个红色的物体!”诚然，这个表述已经省略了其他更为复杂的关系。

在科学分析中，存在一种倾向，即虚伪的简单化、过度的抽象化，以及对共相的过度普遍化，这种倾向从早期形而上学阶段以来就已经存在。它源自一种隐含的信念，即我们正努力用恰当的形容词来界定真实。与这种倾向相一致，我们认为“这个真实的东西是红色的”。但我们真正的目标是根据其关系来明确我们对表面明显事物的知觉。我们知觉到的是与其他表面明显的事物相关的红色。我们的目的在于分析这些关系。

科学的目的之一是实现思想的和谐，也就是说，要确保逻辑上相矛盾的判断不应该是意识的思想表达；另一个目标是扩展这种和谐的思想。

有些念头直接源于感觉表象，它们是意识状态的一部分，即知觉。这样的想法是：“那里有一个红色物体。”**但一般来说，思维并非语言性的，而是在意识内容中对各种**

**性质和关系的直接领悟。**①

在这些思想中，和谐是不可或缺的。因为直接的领悟本质上是唯一的，我们不可能同时将一个物体领悟为红色和蓝色。随后，我们可以推断，如果意识中的其他要素发生变化，那么这个领悟可能会转变为对蓝色物体的领悟。在某些情况下，最初的领悟可能会被标记为错误。然而，即便如此，对红色物体的领悟依然存在。

当我们提及感觉表象时，我们指的是那些与感知直接相关的原始思想。但是，除了这些，还有关于思想的思想，以及源自其他思想的思想。这些都是次级的思想。在这里，我们可以明确区分实际的思想表达——即实际做出的判断，和单纯的命题——即假设性的思想表达，也就是思想表达的一种想象的可能性。请注意，意识中的实际完整思想内容，既没有被明确肯定，也没有被明确否定，它就是人们的思维活动。因此，想到“二加二等于四”与肯定“二加二等于四”是不同的。在前一种情况下，该命题是思想的表达；而在后一种情况下，对该命题的肯定才是思想的表达，这使得该命题退化为单纯的命题，即退化为一种假设性的思想表达。

事实和思想有时是有区别的。就物理科学而言，事实

---

① 译者注：这个观点是非常重要的，对于我们理解语言和思维的关系有重要启发。有些天生的聋哑人虽然没有语言，照样会有正常的思维，甚至有些聋哑人还很聪明，可以从事复杂的劳动，与其他普通人没有多少区别，除了他们或她们听不到声音和不会说话以外。黑体字系译者所加。

即是思想，思想即是事实。也就是说，影响科学的感觉表象事实，就是那些直接领悟的要素，也就是思想。同样，实际的思想表达，无论是主要的还是次要的，都是科学所要解释的物质事实。

事实是给定的，而思想是自由的，这种区别并非绝对。我们可以选择和修改我们的感觉表象，因此，事实——在狭义上对感觉表象的直接理解——在一定程度上受到意志的影响。此外，我们的思想表达流只是部分地被明确的意志所改变。我们可以选择我们的身体经验，我们发现自己在思考，这意味着一方面，在主导的感性必然性中存在选择，另一方面，意识的思想内容（就次要思想而言）并不完全是由意志的选择所构成。

因此，总的来说，存在一个广阔的原始领域，即次要思维的领域，以及在类型中给予的感觉表象的原始思维的领域。这就是我们思考事物的方式，据我们所知，这并非完全出于抽象的必然性，而是因为我们从环境中继承了这种方法。这是我们发现自己在思考的方式，一种只有通过巨大的努力才能从根本上抛弃的方式，而且只能在孤立的短时间内抛弃。这就是我所说的“常识思维的整个架构”。

在科学领域，所假定的正是这样一套思想体系。它不仅仅是一套公理，而是一种思维方式，是常识在整理人类经验时发现的一组有用概念。这套体系在细节上有所调整，但在整体上保持了假设性。科学解释的目标在于寻找能够解释这些常识性概念重要性的概念和命题。例如，椅子是一个基于常识的概念，而分子和电子则提供了我们对椅子这一概念的科学解释。

目前，科学的目标是使我们的反思性思维和派生性思维与直接领悟感觉表象的原始思维相协调。它旨在产生衍生思想，并合乎逻辑地将它们编织在一起，形成科学理论；而所追求的和谐则是理论与观察的一致性，即对感觉表象的深刻领悟。

因此，科学具有双重目的：(1) 构建与经验相一致的理论；(2) 解释关于自然的常识性概念，至少从它们的主要轮廓上进行解释。这种解释的实质在于保持科学理论中关于和谐思想的概念。

没有人声称这是过去科学家有意实现的，或者认为他们能够实现的目标。它被视为科学努力的实际成果，只要这种努力达到了一定的成功水平。简而言之，我们在这里讨论的是关于观念的博物学，而非科学家的主观意愿。

## 二、客体

我们在空间中感知万物。这些事物包括猫狗、椅子、窗帘、水滴、阵风、火焰、彩虹、钟声、气味、疼痛和苦难等。对于这些知觉的起源，科学已经提供了解释。这些解释基于分子、原子、电子及其相互关系，特别是它们在空间中的关系，以及这些空间关系所传播的扰动波。科学解释中的基本要素——如分子等，并非我们能够直接感知的实体。例如，我们无法直接感知光波；视觉实际上是数百万光波在一段时间内冲击我们感官的结果。因此，我们直接知觉到的客体对应于物理世界中的一系列事件，这些事件随着时间的流逝而展开。一个被知觉到的客体也不总是与同一组分子相对应。几年后，我们可能仍能认出同一只猫，但实际上我们已经与不同的分子产生了联系。

同样，如果我们暂时搁置科学的解释，那么，这种被知觉的客体在很大程度上就成了我们想象中的假设。当我们辨认出那只猫时，我们意识到它见到我们也感到高兴。但我们只能听到它的喵喵叫声，看到它拱起的脊背，感受到它在我们身上摩挲。因此，我们必须区分许多直观的客体和唯一的间接思想客体，即猫本身。

因此，当我们说我们看见了猫并理解它的感受时，我们的意思是我们听到了一个声音的感觉客体，看到了一个视觉的感觉客体，感觉到了一个触觉的感觉客体，同时我们想到了一只猫，并想象了它的感受。

感觉客体通过时间的连续性和空间的一致性相互关联。那些同时存在的感觉客体在空间上也是相互协调的，它们通过思维的整合，构成了我们对一只猫的知觉。通常，这种感觉客体的整合是一种本能的直接判断，无须经过推理过程。有时，只有一个感觉客体存在。例如，我们听到猫的叫声，就会断言房间里一定有猫。于是，通过深思熟虑的推理，我们从单一的感觉客体过渡到对猫的整体认知，甚至，感觉客体本身也可能触发这种自我意识的努力。比如，在黑暗中，我们感觉到动静，听到从同一地点传来的喵喵声，我们就会推断这肯定是一只猫；视觉则更为直接。当我们看到一只猫时，我们不会再进一步思考。我们会直接将这种视觉与猫等同起来，而猫作为一种新事物，与这种视觉是分离的。然而，这种对视觉客体和思想客体的直接识别有时也可能会导致错误，正如鸟儿会啄食阿佩莱斯所画的葡萄一样。①

单一的感觉客体是一个复杂的实体。当我们在稳定的光线下观察壁炉上的瓷砖时，它的视觉形象可能保持不变，我们自身也可能保持不动。即便如此，它在时间上是持续的，在空间上也是由多个部分组成的。而且，它可以被任意地区分出来，构成更大的整体。但是，火光的变化和我们位置的移动会改变我们的视线。我们所判断的思想客体是恒定不变的。关于火焰上的煤的视觉客体可能会逐渐改变，尽管在短时间内它可能保持不变。我们所判断的煤的思想客体在变化。火焰从来都不相同，它的形状只能模糊地辨认。

我们的结论是，认为存在一个单独的、自我同一的视觉客体，这已经是一种思想上的幻觉。考虑一下瓷砖不变的视觉客体，那是因为我们在稳定的光线下保持静止。一

① 译者注：阿佩莱斯（Apelles）系古希腊著名画家，大约生活在公元前4世纪，擅长画葡萄，因为画的葡萄栩栩如生，让鸟儿误以为是真葡萄，看见后就会用嘴啄食这些葡萄。怀特海以此来说明视觉有时会欺骗人。所以，“眼见为实”未必是真的。

次感知到的感觉客体与另一次看到的感觉客体是不同的。因此，中午十二点看到的瓷砖与十二点半看到的瓷砖是不同的；但是，在一瞬间并不存在所谓的感觉客体。当我们盯着瓷砖看的时候，无论是一分钟、一秒钟还是十分之一秒，时间已经流逝。从本质上讲，这是一个持续的过程。存在一道视觉流，我们可以辨识出它的各个部分；但每一部分也是视觉流的一部分，而这种视觉流只有在思想中才会被分解成一系列要素。这种视觉流可能是“稳定的”，就像不变的瓷砖视觉一样，也可能是“湍流”，就像飞掠而过的火焰视觉一样。在任何情况下，视觉客体都是视觉流中任意小的一部分。

同样，构成连续视觉图像的视觉流，不过是整个视觉呈现中可区分的一部分。

因此，归根结底，我们设想每个人都在经历一个完整的时间流（或流动）的感觉表象。这条时间流可以被划分为若干部分。划分的依据在于感觉的差异——包括感觉类型的不同，同一感觉类型中质量和强度的差异——以及时间关系和空间关系的多样性。这些部分并非相互排斥，而是存在着无限的变化和组合。

这些部分之间的时间关系引出了记忆与识别的问题，这些问题过于复杂，无法在此详细讨论。但有一点必须指出：如果我们承认，如前所述，我们生活在连续的时间流中，而非孤立的瞬间，那么**现在本质上就是一段时间的占据，这意味着记忆和直接感知之间的区别并非根**

**本性的；**[①] 因为我们总是伴随着正在消逝的现在，因为它转变为了刚刚过去的过去。我们意识中的这个区域既非纯粹的记忆，也非纯粹的即时呈现。无论如何，记忆也是意识中的一种呈现形式。

与记忆相关的另一点也值得我们关注。在当前事件和过去事件之间，并不存在可以直接感知的时间关系。当前事件只与过去事件的记忆相关联。但对过去事件的记忆本身，就是意识中当下的一个要素。我们主张这样一个原则：直接可比的关系只能存在于意识要素之间，即存在于知觉发生的当下。知觉要素之间的其他一切关系都是推论性的构建。因此，有必要解释事件流中的区别是如何形成的，以及为何表象世界不会坍缩为单一的现在。解决这一难题的关键在于认识到现在本身是持续的时间，因此它包含了它所包含事件之间的直接感知的时间关系。换句话说，**我们将现在、过去和将来放在同等的地位，因为现在包含了以前的和以后的事件，所以过去、现在和将来在这一点上是完全相似的概念。**[②] 因此，会有两个事件 a 和 b，在相同的当前时刻，但事件 a 被直接感知为先于事件 b。而且，时间仍在流逝，事件 a 逐渐淡入过去，而在新的当前持续时间中发生事件 b 和 c，即使事件 b 在事件 c 之前，也在相同的当前持续时间中，存在着 a 和 b 之间的时间关系的记忆。根

---

① 译者注：怀特海在这里是说，“现在”从本质上说“也占据了一定的时间”，这一观点是非常重要的。

② 黑体字系译者所加。

据这一原则，不处于同一时刻的意识要素之间的时间关系得以确立。这里解释的过程是我们称之为“集合原理”的第一个例子，这是心理建构的基本原则之一，我们对外部物质世界的概念就是基于此建构的。在后面的讨论中，我们还会遇见其他类似的例子。

各部分之间的空间关系常常是混乱和波动的，通常缺少确切的精确度。我们专注于那些相互关系简单到足以让我们的智力去把握的部分，这就像是找到了一把万能钥匙，即趋向简单化和缩小范围的原则。我们将这一原则称为“收敛原则”。这一原则渗透在整个感觉表象的领域中。

这个原理的首个应用涉及时间。时间间隔越短，它所包含的感觉表象的各个方面就越简单。变化带来的混乱影响减少，在许多情况下几乎可以忽略不计。自然界将力图实现当下内容的思维活动限制在足够短的时间内，以确保在大部分感觉流中保持这种静态的简单性。

在短暂的近似静态的感官世界中，空间关系也变得简单化。通过将这个静态世界划分为有限空间内容的部分，可以获得进一步的简单性。由此得到的各部分具有更简单的相互空间关系，并且收敛原理同样适用。

最终，通过将已经在空间和时间上受到限定的部分进一步划分为更小的部分，这些部分在感觉的类型上具有同质性，在感觉的性质和强度上具有同质性，我们达到了终极的简单性。这三个限定过程最终产生了上述的感觉客体。因此，**感觉客体是根据收敛原理而产生的积极的辨析过程**

**的结果，是在完整的感觉表象之流中寻求关系的简单性的结果。**[①]

知觉的思想客体是自然的基本规律——客体稳定性规律的一个实例。这就是感觉客体的连贯法则。这一稳定性法则适用于时间和空间；它还必须与另一条法则——产生感觉客体的向简单性收敛的原理——结合起来应用。

感觉表象的一些复合支流可以通过以下特征来区分：(1) 属于单一感觉的感觉客体的时间序列，涉及任何这样的复合支流，都是由非常相似的客体组成的，这些客体的修改只是逐渐地增加，因此在复合支流中形成一个同质的成分流动；(2) 在任何足够短的时间内，这种复合流动的（各种感觉的）感觉客体的空间关系，就它们被明确地理解而言，都是相同的，因此这些不同的成分流动，每一个都是同质的；(3) 与该复合支流相关的其他感觉表象可以通过从具有其他空间和时间关系的类似复合支流中导出的规则来确定，只要类比足够接近。我们称这些为"联想的感觉表象"。这种支流，作为一个整体来看，在这里被称为"知觉的第一原初思想客体"。

例如，我们观看一个橙子半分钟，拿着它，闻闻它，注意它在果篮中的位置，然后转过身去。在那半分钟里，橙色的感觉表象流是知觉的第一个原初思想客体。在联想的感官表象中，有我们想象的盛着橘子的果篮。

① 黑体字系译者所加。

在一个短暂的持续时间内，不同类型的感觉客体被知觉为第一原初思想客体，这种联想的本质根据是它们的空间关系相一致，也就是说，这种关系一般来说近似地一致，也许只是模糊地被领悟到的而已。因此，一致的空间关系将感觉客体联系到第一原初思想客体中，而不同的空间关系则将感觉客体从集合中分离到第一原初思想客体中。就某些感觉客体的组合而言，这种联系可能是一种没有任何推论的直接判断，因此，最初的知觉思维是最初的思想客体的思维，而个别的感觉客体则是对记忆进行反思分析的结果。例如，视觉的感觉客体和触觉的感觉客体在思想中往往是首先联系在一起的，它们的分离只是次要的。但有时这种联系是摇摆不定和不确定的，例如，猫的叫声形成的声音客体和猫的视觉客体之间的联系。因此，总而言之，感官知觉的这个支流，由于属于这部分感官知觉流的所有感官知觉都在同一地方，所以它们确实都在同一地方，因为它们都属于同一瞬间内的猫，所以也可以说它们都在同一地方。把任何一段时间内的感觉表象的全部流动分析成各种各样第一原初思想客体，这种分析只是部分地符合事实，因为许多感觉客体，例如声音，都具有模糊不清的和不确定的空间关系，例如，我们把它们与我们的感觉器官联系在一起的那种空间关系，以及（在科学解释中）它们的起源的那种空间关系。

将我们观察了半分钟之久的橙子归纳为日常概念中的橙子，这一过程涉及两个核心原理：集合原理和假设性感觉表象原理。

集合原理在这里的运用是这样的：如果构成这些客体的多个支流足够相似，如果它们在不同的时间出现，如果联想的感觉表象也足够相似，那么，就可以将许多知觉中不同的原始思想客体视为一个统一的知觉思想客体。

例如，在我们离开橘子五分钟后再次回来时，新的知觉的第一原初思想客体会呈现在我们面前，它与我们在前半分钟内所体验的橙子并无二致，依旧放置在同一个果篮中。我们将一个橙子的两次表象聚合为同一个橙子。通过这种聚合，我们形成了“知觉的第二个原初思想客体”。然而，不论我们对这类聚合的运用达到何种程度，橙子的意义远不止于此。比如，当我们说“如果汤姆没有吃，那只橘子就仍会在橱柜里”，这究竟意味着什么呢？

当前的事实世界不仅仅是一系列感官表象的连续。我们发现自己拥有情感、意志、想象、观念和判断。任何进入意识的因素都不能独立存在，甚至无法孤立存在。我们正在探讨感觉表象与其他意识因素之间的某些联系。到目前为止，我们只考虑了概念和判断的因素。想象是完成对橙子知觉的必要条件，这种想象是关于感觉表象的假设性想象。讨论我们是否应该拥有这样的想象，或者探讨它们对应的实在的形而上学真理，都是无关紧要的。我们只关注这样一个事实，即这样的想象确实存在，并且在本质上构成了知觉思想客体的概念——而这些概念正是科学的原始材料。我们将橙子想象为永恒的感官表象的集合，仿佛它们是我们意识中的一个实际元素，而实际上它们并非如此。这样，橘子就被认为存在于橱柜中，具备其形状、气味、颜色和其他特性。换句话说，这些假设性的感觉表象的可能性是我们构想出来的，我们认为它们在我们的意识中缺乏现实性，与它们实际的存在相比是非物质的。**对于科学而言，最重要的事实是我们的概念，而它们对于实在的形而上学意义，在物理科学中是没有科学意义的。**[①]

通过这种方式构建的橙子，即是知觉的思想客体。

我们必须记住，在形成知觉的思想客体过程中所产生的判断和概念，主要是本能的判断和概念，而非经过事先有意识寻找和批判的概念和判断。它们的采纳是由对未来的预期推动的，并与之交织在一起。在这种预期中，假设变成了现实，也与其他意识存在的进一步判断交织在一起。因此，对一种意识而言是假设的东西，对另一种意识而言可能被认为是真实的。

知觉的思想客体实际上是一种工具，它向我们的反思意识揭示了感觉表象流中所包含的复杂关系。关于这一工具的作用，是无可置疑的，它是常识思维结构的基石。然而，当我们审视其应用的局限性时，我们发现证据变得混乱不堪。我们的感觉表象中有很大一部分可以被解释为对各种持久的思想客体的知觉。但在任何时候，感觉表象都不可能完全以这种方式来解释。视觉很容易适应这种构造，

① 黑体字系译者所加。

但视觉也容易被迷惑：比如，镜子中的反射；看似弯曲的树枝一半在水中，一半在水面上；彩虹作为明亮的光带掩盖了它们的光源，以及其他许多类似现象。声音更难把握，它往往在很大程度上脱离了发出声音的物体。例如，我们可以看到一座钟，但我们只能听到从钟上发出的声音；然而我们也说我们听到了钟声。同样，牙痛主要是由牙痛本身引起的，并通过牙齿神经间接感知。同样的效果也可以从每一种感觉中找到例证。

另一个挑战来自变化这一事实。思想客体被设想为一个在每一个瞬间都完全真实的事物。但是，买来的肉经过烹饪会被吃掉，长出的草会逐渐枯萎，煤炭在火中会燃烧殆尽，埃及金字塔虽然表面上多年来保持不变，但即使是金字塔也不是完全不变的。变化的难题仅仅是通过给假定的逻辑谬误加上一个专业的拉丁名称来回避。稍微煮一下，肉还是原来的肉，但如果在烤箱里烤上两天，那块肉就会变成灰烬。这块肉在什么时候不再是肉了呢？思想客体的核心概念是这样的：即思想客体是一种事物，即此时此地的事物，而这种事物以后可以在彼时彼地被认出来。这个概念在短期内适用于大多数事物，在长期内适用于许多事物。但在整体上，感觉表象完全拒绝对这个概念保持耐心。

我们现在进入了反思的解释领域，也就是科学的领域。

通过把简单性应用于收敛原理，许多难题便迎刃而解了。我们通常倾向于将思想客体想象得过于庞大；实际上，我们应该从更细微的部分来考虑问题。例如，狮身人面像的鼻子虽然已经破碎，但通过恰当的调查，我们有可能在西欧或北美的某些私人收藏中发现其缺失的部分。因此，无论是狮身人面像的其余部分还是那些碎片，都能恢复其持久性。此外，我们还可以将这种解释扩展到更小的部分，这些部分只有在最有利的条件下才能被观察到。这是收敛原理在自然界中的广泛应用，同时也是一个得到了精确观测历史充分支持的原理。

因此，知觉的思想客体的变化在很大程度上可以被解释为能够分解成更小的部分，而这些部分本身就是知觉的思想客体。文明人一般思维中预设的知觉的思想客体，几乎完全是假设性的。**物质世界在很大程度上是一种想象的概念，它建立在直接感觉表象的不稳定基础之上。**[①] 但它仍然是事实，因为它实际上是我们想象出来的事实。因此，它在我们的意识中是真实的，就像感觉表象在那里也是真实的一样。反思性批判的目的在于使我们意识中的这两种因素在它们相互联系的地方取得一致，即将我们的感觉表象解释为知觉的假定的思想客体的实际实现。

广泛使用纯粹假设的知觉的思想客体，使科学能够解释一些不能被解释为知觉思想客体的零散感觉客体，例如

---

① 译者注：怀特海在这里指的是物理科学所设想的物质世界概念，不是指客观存在的现实世界。因为他认为现代科学中的实体性的“物质”概念乃是一种误置具体性之谬误。现实世界中所存在的只是有广延的事件，其中有相对不变的客体，但是并不存在实体性的、惰性的、与其他事物无关的“物质实体”。

声音。但是，除非采取进一步的基本步骤，即改变物质宇宙的整个概念，否则，这些现象作为一个整体是无法按照这种思路来解释的。这就是说，知觉的思想客体被科学的思想客体所取代了。

科学的思想客体是分子、原子和电子。这些客体的特点是，它们摒弃了所有能够在意识中进行直接感觉表征的性质。我们只能通过与它们相关的现象来认识它们，也就是说，与它们有关的一系列事件通过感觉表象在我们的意识中表现出来。这样，科学的思想客体就被看作是感觉表象的原因。从知觉的思想客体到科学的思想客体的过渡，被一种关于物体的第一性质和第二性质的详尽理论很好地掩盖了。

通过这种方法，感觉表象在思维中表现为我们对科学的思想客体所涉及的事件的知觉，这是在模糊的感觉和思想的确切规定之间架起一座桥梁的基本方法。在思维中，一个命题不是真就是假，一个实体就是它本来的样子，实体之间的关系（在观念中）可以通过关于被清晰地想象出来的实体的确定命题来表达。除了出于礼貌之外，感官对这些事情一无所知。在调查的某个阶段，准确性基本上会崩溃。

## 三、时间和空间

重述要点——在知觉的感觉客体之间，时间关系和空间关系扮演着关键角色。这些感觉客体之所以被视为独立的存在，是因为我们通过以下识别方法来区分它们：(1) 感觉内容的差异；(2) 它们之间的时间关系，特别是非同时性；(3) 它们之间的空间关系，特别是非一致性。因此，感觉客体的形成源于对整个感觉表象流中对比的认识，也就是说，源于对客体作为相互联系要素的认识，即通过与客体形成对比的关系来识别。感觉内容的差异在多样性上呈现出无限复杂性。在一般概念的框架下对它们进行分析，是物理科学一个永无止境的任务。相比之下，时间和空间关系较为简单，对它们进行分析的总体思路是清晰明了的。

时间和空间的这种简单性，或许是思维选择它们作为客观区别的持久基础的原因，因此将各种不同的感觉客体，视为原始知觉的思想客体，聚集在一起，从而如前所述，构建出一个知觉的思想客体。因此，知觉的思想客体，在短期内被视为原始的、现实的或假设性的知觉的思想客体。这样一种知觉的思想客体，被限定在一个短暂的时间段内，在这段时间内，它具有其组成成分的感觉客体的空间关系。因此，知觉的思想客体在其全部存在的时间关系中相互联系，并且在某一短暂的时间内，它们之间具有在这段时间内的组成部分的感觉客体的空间关系。

各种关系紧密交织在一起，因此，知觉的思想客体在时间和空间上相互关联。对感觉表象进行客观分析的起点是承认感觉客体在时间关系和空间关系中是不同的实体，因此，知觉的思想客体被时间和空间区分开来。

**整体和部分**——感觉客体是整个感觉表象流的一个组成部分。作为部分的概念，仅仅是对感觉客体与意识中完整感觉表象之间关系的一个描述。一个感觉客体同样可以是另一个感觉客体的组成部分，它可以在时间上或空间上成为一部分。很可能，时间部分和空间部分这两个概念都是基础性的，也就是说，它们是用来表达直接呈现给我们的关系的概念，而不是关于概念的概念。在这种情况下，对实际表示进行进一步的定义是不可能的。即便如此，也有可能为这种表现的发生确定一个合适的标准。例如，对于分子和电子的物理世界的存在，我们可以暂时采纳实在论的形而上学立场；椅子的视觉在某个确定的时间发生在某个确定的人身上，这在本质上是难以言喻的。这是他的视觉，尽管我们每个人可能会推测，这一定与我们在类似情况下的视觉有所不同。但是，可定义的分子和光波的存在与他的身体感觉器官有某种可定义的关系，他的身体也处于某种可定义的状态，这就构成了视觉发生的合适标准，这一标准具备充足的合法性，并且被物理科学默认为视觉的替代品。

“整体与部分”和“全部与部分”之间的关系是密切的。就直接呈现的感觉客体而言，它可以这样解释：如果不存在第三个感觉客体是这两个感觉客体的一部分，那么这两个感觉客体可以被称为“分离的”。如果客体 A 由客体 B 和客体 C 组成，并且（1）B 和 C 都是 A 的一部分；

（2）B 和 C 是分离的；（3）A 的任何部分都不能同时从 B 和 C 中分离出来。在这种情况下，由 B 和 C 两个客体组成的类 α 在思维中常常被用来代替感觉客体 A。但这个过程是以“整体与部分”这一基本关系为前提的。相反，C 类客体可以是实际的感觉客体，而对应于类 α 的感觉客体 A 可以仍然是假设的。例如，我们所生活的圆形地球始终是一个概念，它与任何一个人的意识在任何时候所呈现的任何一个感觉客体都不相对应。①

然而，我们有可能找到一种模式，将广延客体之间的整体与部分关系理解为逻辑的类的全部与部分关系。但在这种情况下，这里所构想的广延客体不可能是呈现在意识面前的真正的感官客体。正如这里所设想的那样，一个感觉客体的一部分就是另一个同样类型的感觉客体，因此，一个感觉客体不可能是另一个感觉客体的一个类，正如一个茶匙不可能是另一个茶匙的一个类一样。在思维中，一般把整体和部分化为全部和部分的方法，是用点的方法，即一个客体的部分占有整个客体所占有的点的某些点。如果有人认为，在他的意识中，感觉表象是点——客体的表象，而一个广延客体只不过是这样的点——客体在思想中的集合，那么，这种一般的方法就完全可以令人满意了。我们将继续假设直接感知的点——客体的概念与事实没有关系。

---

① 译者注：怀特海的这一观点今天已经不成立了，因为今天的宇航员已经可以从太空直接观看地球，从而他们可以对地球直接形成“感觉客体”了。

在上一章“思想的组织”中，我们提出了一种不同的模式。然而，这种方法仅适用于知觉的思想客体，与我们在这里探讨的原始感觉客体无关。因此，我们必须将其视为思想发展后期的次要工具。

于是，时间中的点——客体、空间中的点——客体，以及时间和空间中的双重点——客体，应当被理解为智力结构的一部分。基本的事实是感觉客体，它们在时间和空间上具有广延性，与其他同类客体共享整体与部分的基本关系，并且当我们在思维中通过一系列相继包含的部分进行探索时，它们遵循着趋向简单性的规律。

整体与部分的关系是一种时间性或空间性的关系，因此它首先是知觉的感觉客体之间的关系，而这种关系只是间接地归属于作为知觉的思想客体组成部分的思想客体。更普遍地说，空间和时间关系主要存在于知觉的感觉客体之间，并间接存在于知觉的思想客体之间。

**点的定义**——现在我们可以探讨关于时间和空间中的点的起源了。我们必须区分：（1）感觉时间和感觉空间；（2）知觉的思想时间和知觉的思想空间。

感觉时间和感觉空间是实际观察到的感觉客体之间的时间关系和空间关系。除了少数几个足以阐释逻辑概念的例子之外，感觉时间和感觉空间并没有太多要点；而且，它们是不连续的和零散的。

知觉的思想时间和知觉的思想空间是知觉思想客体之间的时空关系，这两者都是连续的。这里所说的连续性，是指所有知觉的思想客体之间都存在一种时间（或空间）关系。

点的起源是为了充分利用趋向简单性原理所做的努力。如果这一原理不适用，那么点就只是一种笨拙的方式，用以引导人的注意力至某一组知觉的思想客体之间的一组关系。这一组关系，尽管在思想客体的实在的意义上是实在的，但在这种假设下并没有特别的重要性。因此，时间和空间中点的概念在物理科学中被证明的重要性，是对这一收敛原理广泛适用性的肯定。

欧几里得将点定义为无部分、无大小的存在。在现代语境中，点通常被描绘为一个理想的极限，通过无限缩减体积（或面积）的过程来构想。这样的点常被称作实用的虚构。然而，这种表述带有些许含糊。虚构究竟意味着什么？如果它指的是一个与任何现实都不相符的概念，那么它在物理科学中的应用便难以理解。比如，编造一个红种人穿着绿色大衣居住在月球上的故事，这对科学毫无助益，原因很简单，正如我们所假设的，它与现实不符。将点的概念称为方便的虚构，一定意味着这个概念实际上与某些重要的事实相吻合。因此，为了取代这种含糊的暗示，必须明确指出概念所对应的具体事实是什么。

将点解释为理想的极限，对我们而言帮助不大。极限究竟是什么？极限的概念在级数理论和函数值理论中有着确切的含义，但这两种含义在这里都不适用。我们可以看到，在极限的一般数学意义得到精确解释之前，点作为极限的观念，可以被视为只能通过直接直观来理解的观念之一。这种观点目前我们还无法接受。因此，我们再次面临这样的问题：当一个点被描述为理想的极限时，其精确的性质究竟意味着什么？接下来的讨论将试图用知觉的思想客体来表达点的概念，这些客体通过整体与部分的关系联系起来，可以视为时间关系，也可以视为空间关系。如果做出这样的选择，就可以认为讨论的目的是为了精确解释在这方面经常使用的术语——“理想的极限”。

为了便于理解，后续的解释可以使用一些简单的符号：设 aEb 表示“b 是 a 的一部分”。我们不需要确定我们讨论的是时间部分还是空间部分，但无论我们选择哪一种，都必须在任何相关的讨论中予以考虑。符号 E 可以被视为“包含”的首字母，因此我们将 aEb 读作“a 包含 b”。同样，“E 的域”是一组要么包含要么被包含的事物，即：所有的“a”，无论是 aEx 或 xEa，使得 x 都可以被求出。E 的域中的成员，可称为“包含客体”。

现在，我们假设所谓的“包含”关系，即整体与部分之间的关系，始终满足以下条件：关系 E 是（1）可传递的；（2）不对称的；（3）其定义域包含其逆域。

这四个条件值得我们深入思考；其中，前两个条件是推理过程中至关重要的假设。

条件（1）可以这样表述：如果 aEb 且 bEc，则可以推断出 aEc。总是可以找到一个实体 b，使 aEb 和 bEc 可以被视为 a 和 c 之间的关系。自然地，我们可以用 $E^2$ 来表示这种关系。因此，条件可以重新表述为：如果 $aE^2c$，那么 aEc。这也可以换个说法：无论何时，只要关系式 $E^2$ 成立，就意味着关系式 E 也成立。

条件（2）既是一个定义上的细微问题，也是一个实质性的假设。不对称关系（E）意味着 aEb 和 bEa 不能同时为真。这个属性包含两个方面：（1）不可能同时存在 aEb、bEa 以及“a 与 b 不同”的情况；（2）aEa 的情况也不可能发生。第一部分是一个实质性的假设，而第二部分则被我们简化为一个微不足道的规则，即我们不应将一个客体视为其自身的部分，而应专注于“适当的部分”。

条件（3）指出，如果 aEb，则总能推导出存在某个 c，使得 bEc。结合我们只考虑适当部分的事实，这个条件实际上是在宣称广延客体在空间和时间上的无限可分性原则。

一个不可分割的部分，在时间上没有持续性，在空间上没有广延性，因此它本质上与一个可分割的部分不同。如果我们承认这些不可分割的实体是唯一真正的感觉客体，那么我们接下来的探讨将变得多余，无须赘述。

我们将发现，由于与无限选择理论相关的逻辑难题，第四个条件变得必要。我们无须进一步讨论这个问题，因为它涉及对抽象逻辑难题的考量。最终，除了假设之外，我们无法证明集合的存在，每个集合都包含无限数量的客体，这些客体在这里被称为点，稍后将详细说明。

现在，让我们考虑一个包含客体的集合，它满足以下条件：（1）集合中的任意两个成员，一个必然包含另一个；（2）没有一个成员被所有其他成员所包含；（3）不存在任何一个包含客体，使得集合中的每个成员都包含它。这样的集合被称为“包含客体的收敛集合”。当我们沿着这个序列从较大的成员过渡到较小的成员时，我们显然能够达到任何我们期望的近似程度的理想简单性，而这个序列作为一个整体，体现了沿着这条近似路径的完整理想。实际上，这个序列是一个接近理想状态的途径。

我们现在要探讨的是，收敛到简单性的原理是否能够对每一个这样的收敛路径产生相同类型的简单性。正如我们所预期的，答案取决于要简化的属性具有什么样的特性。

例如，考虑一下时间的应用。时间是一维的，因此，当这种一维性质已经用适当的条件（这里不做详细说明）来表示时，一组收敛的包含客体，作为一种近似途径，就必定会展现出欧几里得定义中通常设想的唯一时刻的性质。因此，无论将收敛到简单性的原理应用于时间会得到什么样的简单性，都必须在任何这种近似路径的性质中体现出来。

对于空间，情况则有所不同。由于空间的多维性，我们可以证明不同的包含客体的收敛集合，由于代表着不同的近似路径，可能会收敛到不同类型的简单性，其中一些可能比其他的更复杂。

例如，考虑一个尺寸为高 h 英尺、宽 b 英尺、厚 c 英尺的矩形盒子。保持 h 和 b 不变，让垂直于厚度的中心平面

（高 h、宽 b）固定，然后使 c 无限减小。这样，我们就会得到无穷多盒子的收敛序列，且不存在最小的盒子。因此，这个收敛序列展示了一种近似于简单类型的路径，表现为高度 h、宽度 b、无厚度的平面面积。

同样，通过保持高度为 h 的中心线不变，并使 b 和 c 无限减小，该序列收敛于长度为 h 的直线段。

最后，通过保持中心点不变，并使 h、b、c 无限减小，序列最终收敛于一个点。

此外，我们尚未引入任何概念来阻止空间中分散的碎片构成包含客体。因此，我们可以轻而易举地构想一个收敛集合，它汇聚于空间中的若干点。例如，集合中的每个客体可以由两个中心分别位于 A 和 B、半径为 r 的不相交球体构成，通过逐渐减小 r 而保持 A 和 B 的位置不变，我们可以汇聚到点 A 和 B 上。

现在，我们要探讨的是如何仅凭借基于包含关系的概念，就能将那些汇聚于单点的集合与其他所有类型的集合区分开来。

让我们用希腊字母来标记这些收敛集合；通过沿着任何一个这样的集合“向前”推进，我们就可以理解不断地从较宽泛的范围过渡到较狭窄的范围的过程，即构成集合的包含客体的过程。

如果 α 的每个元素都包含 β 的一些元素，那么收敛集 α 将被称为“覆盖”收敛集 β。我们注意到，如果一个包含客体 x 包含了 β 的任何成员 y，那么 β“末端”的每个成员，当沿着 β 从 y 向前移动时，必定会被 x 包含。因此，如果 α 覆盖 β，那么 α 的每个成员都会包含 β 末端的每个成员，从被 α 的成员包含的 β 的最大成员开始。

两个收敛集中的每一个都有可能覆盖另一个。例如，设一个集合 α 是一组向中心 a 收敛的同心球体，另一个集合 β 是一组同样位置的同心立方体，向同一个中心 a 收敛，那么 α 和 β 将相互覆盖。若两个收敛集彼此覆盖，则称之为“相等”。

因此，如果一个收敛集 α 所覆盖的每一个收敛集也都等于它，即 α 是一个准时收敛的集合，那么“α 覆盖 β”总是蕴含着 β 覆盖 α，这是确保收敛集 α 具有点收敛特性的充分条件。

通过一些简单的示例，我们可以轻易地观察到，其他类型的曲面、直线或点集的收敛并不具备这一特性。例如，回顾之前讨论中的三组收敛框架，它们分别汇聚于中心平面、中心平面内的中心线以及中心线上的中心点。第一组框架覆盖了第二组和第三组，第二组框架覆盖了第三组，但没有两组是相等的。

一个更为复杂的问题是，要确定我们所指出的足以保证准时型收敛的条件是否同样不可或缺。问题的核心在于，在精确的数学空间概念被详细阐释之前，我们对知觉的思想客体拥有精确边界的认识有多深入。如果它们被认为确实具有这样的精确边界，那么就必须承认那些汇聚于这些边界上的点的收敛集。在这种情况下，达到完全准时状态的必要过程将变得极为复杂,[①] 此处不再深入探讨。

然而，在精确的空间边界概念中，由于涉及对这种精确性的判定，似乎并不真正属于知觉的思想客体的范畴。精确边界的归属实际上属于思维的过渡阶段，因为它标志着从知觉的思想客体向科学的思想客体的过渡。从直接显现的感觉客体到知觉的思想客体的过渡，是在一条摇摆不定的思维路径中历史性地完成的。这里所标出的明确阶段，只是为了证明，在逻辑上可解释的过渡是可能的。

因此，我们假设，上述规定的确保一个包含客体的收敛集准时收敛的前提条件，不仅是充分的，而且是必要的。

可以证明，如果两个包含客体的收敛集都等同于第三个收敛集，那么它们彼此之间也相等。现在，考虑任意一个准时收敛集 α。我们希望定义一个“点”，使得 α 成为其近似路径，而这个近似路径在 α 和所有等于 α 的收敛集之间保持中立，这些集合中的每一个都是与 α 相同的“点”的近似路径。如果我们将点定义为由属于 α 或等于 α 的收敛集合构成的集合，那么这个定义是可靠的。设 P 是这类包含客体的集合。那么，任何完全由类 P 成员中选取的包含客体组成的收敛集（β），必须是与原准时集 α 相同的“点”的近似路径；也就是说，只要我们在 β 中选取一个足

---

① 参见 1916 年 5 月的《形而上学与道德评论》，作者在《空间关系论》一文末尾对这个问题做了论述。[附录，1928：这篇文章写于 1914 年，并于当年 5 月在巴黎的一次大会上宣读。我现在认为它没有回避这一困难。我在 1928 年的吉福德讲座中重新讨论了这个话题。]

够小的包含客体，我们总能找到 c 中包含它的一个成员；反之亦然，只要我们在 c 中选取一个足够小的包含客体，我们总能找到 β 中包含它的一个成员。因此，P 仅包含准时型收敛集，并且可以从 P 中选取任意两个收敛集，它们所表示的逼近路径将收敛到相同的结果。

**点的用途**——点的唯一用途在于促进“收敛于简单性”原理的应用。根据这一原理，当考虑在时间或空间上受到充分限制的客体时，一些简单的关系在适当的情况下就会成为现实。点的引入使得这一原理得以贯彻到理想的极限。例如，假设 g（a，b，c）表示关于三个包含客体 a、b、c 的某个陈述，如果客体在范围上有足够的限制，该陈述可能为真。设 A、B、C 是三个给定的点，那么我们定义 g（A，B，C）意味着无论选择什么样的三个包含客体 A、B、C，使得 A 是 A 的成员，B 是 B 的成员，C 是 C 的成员，总有可能找到 A、B、C 的其他三个成员，即 x 是 A 的成员，y 是 B 的成员，z 是 C 的成员，使得 a E x，b E y，c E z 和 g（x，y，z）。通过在 A、B、C 的末端足够深入，我们总能确保三个客体 x、y、z，对它们来说 g（x，y，z）为真。

例如，设 g（A，B，C）表示“A、B、C 是直线上的三个点”。这必须被解释为无论我们选择 a、b、c 这三个客体中哪个客体分别是 A、B、C 的成员，我们总能找到三个客体 x、y、z，它们也分别是 A、B、C 的成员，并且使得 a 包含 x，b 包含 y，c 包含 z，并且使得 x、y、z 在一条直线上。

有时需要双重收敛，即条件的收敛和客体的收敛。例如，考虑这个陈述，“点 A 和点 B 相距两英尺。”现在，“相距两英尺”这个说法并不适用于那些客体。对于客体 x 和 y，我们必须用“x 和 y 之间的距离在极限（2 ± e）英尺之间”来代替这个陈述。这里 e 是一个小于 2 的数，我们为这个表述选择了它。那么，点 A 和点 B 就相距两英尺；如果，无论我们如何选择数字 e，无论我们如何考虑分别属于 A 和 B 的包含客体 A 和 B，我们总能找到分别属于 A 和 B 的包含客体 x 和 y，使得 A 包含 x，B 包含 y，并且使得 x 和 y 之间的距离在极限（2 ± e）英尺之间。很明显，因为 e 可以选得尽可能小，所以这个陈述准确地表达了 A 和 B 相距两英尺的条件。

**直线和平面**——关于直线和平面的认知构造问题尚未得到充分分析。我们已经阐释了三个或更多点共线这一命题的含义，同样地，也可以理解四个或更多点共面这一命题的含义。在这两种情况下，都能从关于广延客体的模糊叙述中提炼出精确的几何命题。

这一过程仅考虑了数量有限的点群。然而，直线和平面被构想为包含无限多的点。通过再次运用集合原理，实现了线和平面的这种无限扩展，正如最初的一组原始思想客体被集合成一个完整的知觉思想客体一样。因此，当满足一定的交集条件时，对点群共线性的重复判断最终被集合成对群中所有点的一次性判断，形成一个完整的共线性群；共平面性的判断亦然。这种逻辑集合过程可以在其精确的逻辑分析中得到体现。但在此，我们无须深入讨论这些细节。这样，我们就将点想象成构成平面和直线的基本元素，这是各种几何公理适用的前提。这些公理，就它们本质上要求点的概念而言，可以被视为关于广延客体关系的模糊、不太精确的判断的结果。

**虚空**——必须指出，到目前为止所定义的点必然包含知觉的思想客体，并且位于这些客体所占据的空间范围内。确实，这样的客体在很大程度上是假设性的，我们可以通过假设引入足够的客体来完善我们的线和面。但是，每一个这样的假设都在削弱我们的科学自然观与实际观察到的事实之间的联系，而这些事实又蕴含在实际的感觉表象中。

奥卡姆剃刀原则——“如无必要，勿增实体”，并非仅仅是基于逻辑上的优雅而制定的武断规则。它的应用不仅限于形而上学的思辨。我不知道其形而上学有效性的确切原因，但其科学有效性是显而易见的，即每次对假设实体的使用都在削弱科学推理是思想和感觉表象之间和谐的必然结果的主张。随着假设的增加，必要性将会减少。

常识思维也支持这样一种观点，即拒绝认为所有空间本质上都依赖于充满其中的假想客体。我们认为物质性的客体充满了空间，但我们要进一步追问：在地球和太阳之间、恒星之间或恒星之外是否也存在任何客体。对我们来说，空间是存在的，唯一的问题是：它是否充满了客体。但这种形式的问题是以虚空的概念为前提的，即不包含假设客体的空间的概念。

这就使得点的概念得到了更广泛的应用，点的概念也需要更广泛的定义。迄今为止，我们一直将点视为表示客体之间包含关系的概念。这样我们就得出了现在我们所说的“质点”。但是，点的概念现在可以转化为表示外部关系的可能性，而不仅仅是包含的可能性。这是由于扩展了理想化的点概念，对此几何学家已经有所了解。

“实质线”可以被定义为完全共线的点的集合。现在，让我们考虑包含某个质点的实质线的集合。我们可以将这样的线集合称为理想的点。这种线的集合代表了位置的可能性，这个位置实际上被所有这些实质线共有的质点所占据。因此，这个理想的点是一个已经被占据的理想位置。现在，考虑由三条实质线构成的集合，其中任意两条线共面，但不是全部三条。进一步考虑由实质线构成的完整集合，其中每一条线都与最初选择的三条实质线共面。对实质线成立的公理将使我们能够证明这个集合中的任意两条线都是共面的。然后，根据定义的全部概括性，包括原来的三条线在内的所有线构成的集合形成一个理想的点。这样一个理想的点可能是被占据的。在这种情况下，存在一个对集合的所有直线共有的质点，但它可能未被占据。那么，理想的点仅仅表示一种尚未实现的空间关系的可能性。它是虚空中的点。因此，理想的点可能被占据，也可能不被占据，它是作为一门应用科学来看待的几何学的点。这些点分布在直线和平面上。但是，对这个问题的进一步讨论将把我们引向几何学公理及其直接结果的技术主题。关于几何是如何根据空间关系理论产生的，已经说得够多了，不再赘述。

这样理解的空间，即是物质世界的思想空间。

## 四、力场

科学的思想客体与这个思想空间紧密相关。它们的空间关系由思想空间中的点来表示。它们在科学中的出现，不过是对常识思维中固有过程的进一步发展而已。

感觉表象内部的完整关系，在思维中通过知觉的思想客体的概念得以表征。并非所有的感觉表象都以这种方式呈现；思想客体的变化和消失会导致思想客体的混乱。将持久的物质视为具有第一性质和第二性质的概念，试图将这种混乱整理成秩序。最终，这种区分也体现在第二性质上，即对这些客体所产生的事件的知觉，但作为被感知到的东西，则与它们本身完全分离。同样，知觉的思想客体也被分子、电子和以太波所取代，直到最后，被感知的不再是科学的思想客体，而是与之相关的一系列复杂事件。如果科学是正确的，那么没有人能直接感知事物，而只能感知事件。其结果是，当与现代科学概念联系在一起时，许多地方仍然存在的古老的哲学语言现在变得完全令人困惑。哲学，也就是更古老的哲学，认为事物是直接可感知的。根据科学思想，最终的事物永远不会被感知，感知本质上是从一系列事件中产生的。要调和这两种观点是不可能的。

现代科学概念的优点在于，它能够“解释”感觉表象流动的模糊轮廓。知觉的思想客体现在被设想为大量分子相当稳定的运动状态，这些分子不断变化，却保持着某种一致的特征。此外，那些没有立即作为知觉的思想客体的一部分而被给予的离散感觉客体，现在也可以得到解释：摇曳的光线反射、隐约可闻的声音以及气味等。实际上，科学世界中所知觉到的事件，与完全的感觉表象的感觉客体或知觉的思想客体一样，具有一般的定义和缺乏定义，具有一般的稳定性和缺乏稳定性。

科学的思想客体，即分子、原子和电子，已经获得了恒久性。这些事件被还原为空间结构的变化。决定这些变化的法则是自然的终极法则。

物理宇宙的变化规律建立在这样一个假设之上：宇宙的先前状态决定了变化的性质。因此，要了解宇宙的结构和事件直至并包括任何瞬间，就需要有足够的材料来确定贯穿于所有时间的一系列连续事件。

但是在追溯事件的前因时，常识倾向于认为，在处理知觉的思想客体世界时，可以习惯性地假设许多先前事件是不相关的，从而忽略它们。对原因的考量通常仅限于近期的几个事件。最终，在科学思维中，人们假设在任意短的时间段内发生的事件就足够了。因此，物理量及其连续的微分系数可以在瞬间达到任意高阶，但它们在瞬间之前的极限值，根据这一理论，足以决定宇宙在瞬间之后任何时刻的状态。更具体的规律也被假定存在，但对它们的探索遵循这一普遍规律。此外，它还假定物质宇宙中更多的事件与任何特定效应的产生无关，而这种效应是由相对较少的先决条件产生的。这些假设源于人类的经验。人生的第一课就是学会将注意力集中在感觉表象的少数几个因素上，进而集中在更少的知觉的思想客体领域。

有意识或无意识地引导思想的原理是，在寻找特定原因时，时间上的距离性和空间上的距离性是相对无关的具有影响力的证据。这一原理的极端形式是否认时间或空间上的任何远距离作用。接受这个原理的简单形式的困难在于，由于没有连续的点，只有重合的物体才能相互作用。我看不出这个难题的答案——也就是说，要么物体有相同的位置，因此是一致的；要么它们有不同的位置，因此处于一定距离，不会发生相互作用。

以太连续分布的假设并不能回避这个难题。其原因有二：首先，以太的连续性并不能避免这个两难困境；其次，这个难题既适用于空间，也适用于时间，而这个困境将证明会产生变化的因果关系是不可能的，即任何变化的条件都不可能是先前情况的结果。

从另一个角度看，两个在空间上分离的物体之间的直接相互作用无疑违背了距离的概念，因为距离意味着物理上的分离以及空间关系。假设有远距离作用，就像否认有远距离作用一样，在逻辑上是没有困难的，但它与对常识思维机构的持续假设是矛盾的，而常识思维机构的主要任务是只使用最低限度的修改，使其与感觉表象相协调。

现代科学实际上并不纠结于这场争论。其（未被明言的）概念与旧观念截然不同，尽管口头表述保留了过去时代的形式。这种观念的转变，关键在于将科学的旧思想客体视为单纯的存在，不属于整个物质世界的一部分。它们被隔离在有限的空间区域内，其环境的变化只能由不构成其本质部分的力量引起。以太的概念应运而生，旨在解释这些被动思想客体之间的主动关系。然而，整个概念都面临着前述的逻辑难题。以太是解释性的，它无法在其解释的意义上形成清晰的概念。它具有原始思想客体所缺乏的活动形式，也就是说，它具有势能，而原子只具有动能，即原子所谓的势能实际上属于周围的以太。实际上，以太被排除在“无远距离作用”这一公理之外，从而使这一公理失去了其全部效力。

现代科学的思想客体——尚未被明确承认——具有整个物质宇宙的复杂性。在物理学中，如同其他领域一样，从简单性推导出复杂性的无望努力已被默默地放弃。物理学的目标不是简单性，而是持久性和规律性。在某种意义上，规律性就是简单性，但它是稳定的相互关系的简单性，而不是缺乏内部结构类型或关系类型的简单性。这个思想客体填满了所有空间，它就是“场”，即标量和矢量在整个空间中的某种分布，这些量在每个时间点的每个空间点都有各自的值，在整个空间和时间中连续分布，可能存在一些特殊的不连续性。构成场的各种类型的量在时间和空间的每一点上都有固定的相互关系，这些关系是自然的终极法则。

例如，考虑一个电子。电荷以标量形式分布，也就是通常所说的电子。这个标量分布在时间 t 和任意一点（x，y，z）的体积密度为 ρ。因此，ρ 是（x，y，z，t）的函数，除了在限定区域内，它是零。此外，在任意时刻 t，作为必不可少的附加物，在两个矢量（X，Y，Z）和（α，β，γ）的每一点上都有连续的空间分布，这两个矢量中（X，Y，Z）是电力，（α，β，γ）是磁力。最后，标量电子分布具有个体性，因此，除了在假定定律中所涉及的数量守恒外，还可以确定分布中各个单独部分的运动速度。设（u，v，w）为（x，y，z，t）处的速度。

整个标量和矢量方案，即 ρ，（X，Y，Z），（α，β，γ），（u，v，w）是由电磁定律相互联系起来的。从这些定律可以得出，在标量分布 ρ 的意义上，电子可以被设想为在每一个瞬间都从自身传播出辐射，这种辐射在真空中以光速向外传播，由此可以计算出（X，Y，Z）和（α，β，γ），只要它们是由它引起的。因此，在任何时候，由于电子作为整体而产生的场取决于电子以前的历史，离电子越近，相关的历史就越近。这样一个场的整个方案便是科学的一个单独的思想客体：电子及其辐射形成一个本质的整体，即科学的思想客体，其在本质上是复杂的，本质上是充满所有空间的。电子本身，即标量分布 ρ，是整体的焦点，其基本的焦点性质是，在任何时候，场都完全是由焦点的先前历史及其在所有先前时间中的空间关系所决定的。但是场和焦点并不是独立的概念，它们在本质上是联系在一个有组织的统一体中的，也就是说，它们在本质上是一个关系域中的相关项，各种实体就是凭借这种关系进入了我们的思想之中。

由众多电子构成的场，遵循集合的线性法则进行叠加，即对于相似的标量遵循简单的加法原则，而对于相似的矢量则遵循平行四边形法则。每个电子的运动变化完全受制于它所在区域内复合磁场的影响。因此，场可以被视为行为的可能性，但这种可能性表现为现实性。

在此需要注意的是，关于因果关系的两种不同观点都被纳入考虑。任何空间区域内的完整场都取决于所有电子的历史，这些历史与电子的距离成比例地向过去延伸。这种依赖也可以被视为传递性。然而，当我们观察影响区域内电子变化的原因时，它仅仅是该区域内的场，这个场在时间和空间上都与电子相一致。

这种将可能性设想为现实性的过程，实际上是将规律性和持久性引入科学思想的统一过程，也就是说，我们从事实的现实性推进到了可能的现实性。

基于这一原理，命题从实际的思想表达中产生，知觉的思想客体从原始的感觉客体中产生，假设的知觉的思想客体从实际的知觉的思想客体中产生，质点从假设的无限组假设的知觉的思想客体中产生，理想点从质点中产生，科学的思想客体从知觉的思想客体中产生，电子场从实际电子的实际相互作用中产生。

这一过程是对逻辑关系的持久性、一致性和相似性的研究，但它不仅仅是简单的内部结构问题。科学的每一个最终的思想客体都保留了整个科学宇宙所具有的一切性质，但又以一种以恒久性和统一性为特征的形式保留了这些性质。

## 五、结论

我们的探讨始于排除价值判断和本体论判断。现在，让我们通过对这些概念的回顾来结束讨论。价值判断不是物理科学的一部分，但它们构成了推动物理科学发展的动力之一。人类建立起科学的大厦，是因为他们认为这是有价值的。换句话说，动机中包含了无数的价值判断。同时，在科学领域中，有意识的选择是培养的一部分，这种有意识的选择涉及价值判断。这些价值可能是审美的、道德的或功利的，即关于结构之美的判断，或关于探索真理的责任的判断，或关于满足物质需求的效用的判断。**然而，无论动机如何，没有价值判断，科学就无从谈起。**①

同样，本体论判断并没有因为缺乏兴趣而被排除。实际上，它们是生活中所有行为的基础：它们存在于我们的情感中，存在于我们的自我约束中，存在于我们的建设性努力中；它们是道德判断的基础；它们的难点在于，在如

---

① 黑体字系译者所加。

何协调常识的原始判断上缺乏共识。

科学并没有减少对形而上学的需求。这种需求最迫切的地方与上述所谓的“潜在于可能性之中的现实性”有关。做出几句解释可能会使这种论点更加清晰，尽管它们会涉及形而上学的高度推测方法，可这不是本文探讨的目的。

对主客体概念的随意讨论涵盖了两种截然不同的关系。整个知觉意识与其自身部分内容之间存在着关系，例如，知觉意识与它所显现的红色客体之间的关系。知觉意识与某个实体之间也有关系，而这个实体实际上并不存在，因为它正是该意识内容的一部分。这样一种关系，就其为知觉意识所知而言，一定是一种推论关系，这种推论是从分析该知觉意识的内容中得来的。

这些推论的基础必须是意识中的要素，这些要素直接超越了它们在意识中的直接表现。这些要素是普遍的逻辑真理、道德和美学真理，以及体现在假言命题中的真理。这些是知觉的直接客体，它们不同于知觉主体的单纯情感。它们具有作为个体主体的直接呈现的一部分的属性，但又不止于此。所有其他的存在都是推断出来的存在。

在这一章中，我们更直接地关注体现在假言命题中的真理。这些真理绝不能与我们对自然现象未来走向的判断所带有的任何怀疑相混淆。假言命题就像直言判断一样，可能是可疑的，也可能不是。也像直言判断一样，它表达了一个事实。这个事实具有两面性：作为意识的表象，它只是这个假言判断；作为直言事实的表述，它陈述了超越意识的关系，即由此推论出来的实体之间的关系。

然而，这种对形而上学的简要分析可能存在瑕疵，至多只能获得有限的认同。当然，这样的认同恰好印证了我想要表达的观点。物理科学建立在思想要素的基础之上，比如记录实际知觉的判断，以及记录在特定情况下可能实现的假设知觉的判断。这些要素构成了常识思维结构的连贯内容。它们需要形而上学的分析，但它们也是形而上学分析的起点之一。拒绝这些要素的形而上学已经失败，正如无法将它们与其理论协调一致的物理科学也遭遇了失败一样。

**科学只会让形而上学的需求变得更加迫切。**[①] 它对于形而上学问题的解决几乎没有直接的帮助。但是，它确实有所贡献，即它阐明了我们对可感知现象的经验可以被解析为一种科学理论，这种理论虽不完备，却有着无限扩展的潜力。这一成就凸显了我们的逻辑思维与感性理解之间的紧密联系。科学理论的特殊形式也必然会产生一定的影响。历史上，错误的科学往往是糟糕的形而上学的根源。毕竟，科学是对部分证据进行严格审查的体现，而形而上学家则是从这些证据中推导出他们的结论的。

① 黑体字系译者所加。

# 第十章 空间、时间和相对性

## 一、关于时空的根本问题①

关于空间和时间的根本问题，已经从许多不同科学领域所持的立场进行了探讨。本文的目标是将这些观点相互联系起来，这就要求对每一种观点进行简要的讨论。

数学物理学家已经发展了他们的相对论，以解释莫雷-迈克尔逊实验和特鲁顿实验的否定性结果。实验心理学家根据经验的原始感觉材料考察了空间观念的发展。形而上学家探讨了空间和时间的宏大统一，它们既无始无终，也无边无界，关于它们的真理也无例外，所有这些性质更吸引我们的注意力，使我们关注经验宇宙中混乱的偶然性质是如何受到它们制约的。数学家们研究了几何公理，现在

① 此标题是译者所加。

可以从有限的几个假设中，用最严格的逻辑推导出所有被认为普遍正确的空间和时间公理。

令人惊讶的是，这些不同的研究路径在发展过程中几乎没有相互交流。或许实际情况正是如此。科学的成果从来不是绝对正确的。通过健康的独立思考，我们有时可以避免将他人的错误叠加在自己的错误之上。然而，毫无疑问，通常的方法是将我们自己的问题放在其他科学中表现出来的形式来考察。

在这里，我不打算对这些不同的科学领域进行系统性的研究。我既没有这方面的知识，也没有时间。

首先，让我们以任何相对性理论的终极基础为例。所有的空间测量都是从空间中的东西到空间中的东西。虚空的几何实体永远不会出现。我们能直接认识的唯一的几何性质，就是我们称之为空间中的事物——那些移动的、变化的现象的性质。太阳是遥远的，球是圆的，灯柱是线性排列的。无论人类从何处获得无限不变的空间观念，可以肯定的是，它不是通过直接观察得来的。

如何看待这个结论，有两种对立的哲学方法。

一种是肯定空间和时间是产生感性经验的条件，如果不投射到空间和时间之中，感性经验就不存在。因此，虽然我们关于空间和时间的知识是在经验中被赋予的，这也许是正确的，但是说它是根据经验推导出来的，就像万有引力定律是从经验中推导出来的那样，这则是不正确的。它之所以不能推导出来，是因为在经验的活动中，我们必然会意识到空间是无限的给定整体，而时间是无尽的连续过程。这种哲学立场可以通过说空间和时间是感性的先验形式来表达。

对待这个问题的相反哲学方法则是肯定我们的时间和空间概念是根据经验推导出来的，正如万有引力定律是这样推导出来的一样。如果我们能对点、线、面以及连续的时间瞬间形成精确的概念，并假定它们之间的联系如几何公理和时间公理所表达的那样，那么我们就会发现，我们已经构造了一个概念，这个概念以我们的观察所能达到的全部精确程度来表达经验事实。

这两种哲学立场均旨在阐释某种难题。先验论阐释了赋予空间和时间规律的绝对普遍性，这种普遍性不依赖于任何经验推理。经验论则阐释了时空概念的推导过程，除了那些在构成物理科学其他概念时公认的因素外，并未引入任何其他元素。

然而，我们尚未充分处理在任何关于空间或时间的讨论中必须铭记的区别。暂且不论上述关于这些时空概念如何与经验相关的问题，它们在形成时究竟是什么？

我们可以将空间中的点想象为自我存在的实体，它们之间存在一种不可定义的关系，即被存在的终极物质（我称之为物质）所占据。因此，说太阳在那里（无论它在哪里），实际上是在肯定我们称之为太阳的一组正负电子和一组点之间的占有关系，这些点本质上独立于太阳而存在。这就是绝对空间理论。这种绝对空间理论虽不流行，却有令人尊敬的支持者——比如牛顿——因此我们应谦逊地对待它。

另一个与莱布尼茨相关的理论认为，我们的空间概念是空间中事物之间关系的概念。因此，并不存在自我存在的点这样的实体。点不过是物质之间关系的某种特性的名称，用日常语言来说，物质是存在于空间中的。

根据相对论，一个点应该可以根据物质性事物之间的关系来定义。据我所知，这一理论的结果并未引起数学家的注意，他们总是认为点是他们推理的最终出发点。许多年前，我解释了我们可能实现这种定义的一些方法，最近又增加了一些其他的方法。类似的解释也适用于时间。在关于空间和时间的理论在关系的基础上得到满意的结论之前，必须对空间点和时间瞬间的定义进行长期而仔细的研究，并且必须尝试并比较影响这些定义的许多方法。这是数学中不成文的一部分，与 18 世纪的平行理论大致相同。

在这方面，我要提请注意时间和空间之间的类比。在分析我们的经验时，我们区分了事件，同时我们也区分了那些其变化的关系构成事件的事物。如果我有时间，更仔细地考虑这些事件和事物的概念将是有趣的。现在只要指出，事物之间有一定的关系，我们就可以把这种关系看作是事物的空间广延之间的关系，例如，一个空间可以包含另一个空间，或排斥另一个空间，或与另一个空间重叠。空间中的一个点不过是空间广延之间的关系的某种集合而已。

类似地，事件之间也有一定的关系，我们称之为这些事件的时间持续之间的关系，也就是说，它们是事件的时间广延之间的关系。两个事件 A 和 B 的持续时间可以一个在前，一个在后，或者部分重叠，或者一个包含另一个，可给出所有的六种可能性。事件在时间上的广延性质在很大程度上类似于物体在空间上的广延。空间广延由客体之间的关系表示，时间广延由事件之间的关系表示。

我尚未找到这个问题的答案。无论如何，我坚信时间和空间体现了客体之间的关系，我们对客体的外部性判断依赖于这种关系。也就是说，空间上的位置和时间上的位置都体现了对外部性的判断，也许还需要依赖于这种判断。这个想法还很模糊，我必须将其保留在这个初步的形式上。

## 二、不同的欧几里得测度系统[①]

现在转向对几何公理的数学研究，对我们而言最重要的是要记住，它揭示了非度量射影几何和度量几何之间的巨大差异。非对称射影几何迄今为止更为基本。从点、直线、平面的概念出发（这三者并不都是不可定义的），加上这些实体的一些非常简单的非定律性质，例如两点唯一地确定一条直线，几乎可以构成整个几何体系。为了便于推理，甚至可以引入定量坐标。但没有提到距离、面积或体积，它们是需要被特别引入的概念。点会有一个顺序，但顺序并不意味着任何确定的距离。

① 此标题之前的序号系译者所加。

当我们现在探讨可能的距离测量时，我们发现存在不同的测量系统，它们都是同样可能的。有三种主要类型的系统：任何一种类型的系统给出欧几里得几何，任何另一种类型的系统给出双曲（或洛巴切夫斯基）几何，任何第三种类型的系统给出椭圆几何。不同的实体，或者同一实体，如果进行选择，可以在同一类型的不同系统中计算，或者在不同类型的系统中计算。举一个有趣的例子。有两个实体，A 和 B，同意使用相同的三条相交线作为 x、y、z 轴。它们都采用欧几里得式的测量系统，并且（不一定是这样）在无穷远处的平面上是一致的。也就是说，它们对平行直线的看法是一致的。然后使用直角坐标轴的通常方法，它们对于 P 的坐标长度 ON、NM、MP 是一致的。到目前为止，一切都很和谐。A 将线段 $OU_1$ 固定在 Ox 上作为单位长度，B 将线段 $OV_1$ 固定在 Ox 上，A 称其坐标为（x，y，z），B 称其坐标为（x，y，z）。

然后发现（因为这两个系统都是欧几里得的），无论取什么点 P，都能得出：

$$X = \beta X,\ Y = \gamma Y,\ Z = \delta Z.\ (\beta \neq \gamma \neq \delta)$$

继续调整它们的差异，首先取 x 坐标。显然它们沿着 Ox 取了不同的长度单位。长度 OU，A 称其为 1 个单位，B 称其为 β 单位。B 的单位长度由原来的长度 $OV_1$ 改为 OU，得到 X = x。但是现在，由于他必须使用相同的单位进行所有测量，其他坐标也以相同的比例改变。因此我们现在有：

$$X = x, Y = \gamma y/\beta, Z = \delta z/\beta$$

根本性的分歧现在变得显而易见了。A 和 B 在 Ox 轴上的单位长度是一致的，它们选择了 Ox 轴上的特定线段 OU 作为单位长度的标准。然而，它们在确定 Oy 轴上哪一线段等同于 OU 时出现了分歧。A 坚称是 $OU_2$，而 B 则认为是另一个线段 $OU_2'$。关于 OZ 轴上的长度也同样如此。

结果是，A 所定义的球体是 B 的椭圆形：

$$x^2 + y^2 + z^2 = r^2$$
$$X^2 + \beta^2 Y^2/\gamma^2 + \beta^2 Z^2/\delta^2 = r^2,$$

即
$$X^2/\beta^2 + Y^2/\gamma^2 + Z^2/\delta^2 = r^2/\beta^2$$

因此，两者对角度的测量结果完全不一致。

如果 $\beta \neq r \neq \delta$，在 O 点存在且仅存在一个共同的矩形坐标轴，即它们的起点。如果 $\gamma = \delta$，但 $\beta \neq \gamma$，那么通过绕 x 轴旋转坐标轴，则可以找到无限多个普通的矩形坐标轴，这为我们提供了一个有趣的案例。将这一现象平移到任何平行轴上，都能重现相同的情况。

问题的根源在于，A 的测量工具对他来说是刚性且不变的，但在 B 看来，这些工具在向不同方向转动时长度是变化的。同样，所有符合 A 的测量标准的工具，都违背了 B 对不变性的直接判断，并按照相同的规律变化。要摆脱这个难题似乎毫无办法。当两根杆 p 和 σ 相互放置在另一根杆上时，它们会重合；p 保持不变，并且两人都认为 p 是不变的。但 σ 是旋转过的，A 说它没有变化，B 说它变化了。为了检验物质 ρ，需要将其旋转并精确地与之匹配。但当 A 满意时，B 宣称 σ 的变化方式与 ρ 完全相同。同时，B 获得了两根令他满意的不变测量工具，A 则会提出完全相同的反对意见。

我们可以说 A 和 B 采用了不同的欧几里得度量系统。

人类生活中最不寻常的事实之一是，所有生物似乎都根据同样的测量系统形成他们对空间数量的判断。然而，这种说法只有在人类观察所获得的精度范围内才是正确的。当我们试图建立一个自洽的物理理论时，我们不得不承认，不同的时空测量系统与事物的行为有关。

因此，对空间和时间上的量的估计，甚至在某种程度上对顺序的估计，都取决于个体观察者。但是，除了我们每个人都最有资格被称为我们的真实世界是由想象重建的世界之外，还有什么是原始给予的感性经验呢？这时，实验心理学家介入了。我们离不开他。我希望我们可以离开他，因为他太难理解了。而且，有时他对数学原理的了解相当薄弱，我有时怀疑——不，我不会说出我有时的想法：也许他也有同样的理由对我们有同样的看法。

然而，我将大胆地总结一些结论，我相信这些结论与物理和心理上的实验证据是一致的，并且这些结论肯定是由我已经推荐给你们注意的数学逻辑的不成文章节的材料所暗示的。空间、时间和数量的概念能够被分析成一系列更简单的概念。在任何给定的感性经验中，这类概念的全部应用都是不必要的，甚至是常见的。例如，外部性的概念可以在没有线性秩序的情况下适用，线性秩序的概念可以在没有线性距离的情况下适用。

同样，空间关系的抽象数学概念可能会混淆适用于这些给定知觉的不同概念。例如，观察者的线性投影意义上的线性顺序与一排物体在视线上伸展的线性顺序是不同的。

数学物理学假设了一个由明确地有关系的物体组成的给定世界，各种时空系统就是将这些关系以概念的形式表达出来的另一种方式，这种形式也适用于观察者的直接经验。

然而，必然存在一种方式，能够表达共同的外部世界中各个物体间的关系。任何其他方式只能作为另一种立场的结果出现，换言之，就是将观察者所添加的元素（仿佛是）留在宇宙中的结果。

但是，**将物理科学的世界想象为由假设的物体构成，这种方式使这个世界仅仅成为童话般的存在。真正实在的是直接的经验。**[①] 演绎科学的任务是审视应用于这些经验材料的概念，然后审视与这些概念相关的概念，如此类推至任何必要的精细程度。随着我们的概念变得更加抽象，它们的逻辑关系变得更加普遍，鲜少出现例外。通过这种逻

① 黑体字系译者所加。

辑建构，我们最终得到的概念（1）在个人经验中有明确的例证；（2）它们的逻辑关系具有特殊的流畅性。例如，数学上的时间概念和空间概念，就是恰当的例子。没有人生活在“无限的给定整体”中，而是生活在一系列零碎的经验中。问题在于通过逻辑建构的过程，将数学的空间和时间概念作为这些碎片的必然结果展现出来。其他物理概念亦然。这个过程从零碎的经验世界中构建出一个共同的概念世界。埃及的物质金字塔是一个概念，而现实的是那些凝视过它们的人们的碎片化经验。

只要科学试图摆脱假说，它就不能超越这些一般的逻辑结构。对科学而言，按照这样的设想，上述不同的时间顺序并无困难。不同的时间系统只是记录了数学结构与那些个人经验（实际的或假设的）的不同关系，这些经验可以作为原始材料存在，而原始材料可以用来阐释这个结构。

但毕竟，应该有可能详细阐述数学结构，以消除对特定经验的特定参考。无论经验的材料是什么，总有某种东西可以把它们作为整体来描述，而这种东西就是对共同世界的一般性质的陈述。很难相信，在适当的概括下，这些性质中找不到时间和空间。

如果我对康德的理解正确的话——我承认这是很有争议的——他认为，在经验行为中，我们意识到空间和时间是经验发生所必需的成分。我建议——相当谨慎地——给这一学说一个不同的扭转，实际上把它转向相反的方向——在经验的行为中，我们感知到一个由相关不同部分组成的整体。这些部分之间的关系具有一定的特征，时间和空间是这些关系的某些特征的表现。那么，我们赋予时间和空间的普遍性和统一性，就表达了我们所称的经验结构的统一性。

人类在推导出统一的自然规律方面的成功——尽管它是谦虚的——就其本身而言，证明了这种结构的统一性超越了那些以时间和空间来表达的经验材料的特征。时间和空间对于经验来说是必要的，因为它们是我们经验的特征。当然，没有人能在没有碰到它们的情况下获得我们的经验。我看不出康德的演绎除了说“是什么就是什么”之外还有什么意义——这种说法足够正确，可对我们没有多大帮助。

但我承认，我所说的“经验结构的统一性”是最奇特、最引人注目的事实。我很愿意相信这仅仅是幻觉；我在后续的论文中会提出，这种一致性并不属于经验的原始材料的直接关系，而是用更精细的逻辑实体代替它们的结果，例如关系之间的关系，或关系类的关系，或关系类的类的关系。我认为，通过这种方法，我们可以证明，必须归因于经验的一致性，比通常所认为的要抽象得多。将物理世界的统一时间和空间提升到逻辑抽象的地位，这一过程也有助于认识到另一个事实，即所有直接的个人意识经验具有极端的碎片性。

在这一领域，我的观点是，我们所了解的一切都是零碎的个人经验，所有的思考都必须从这些作为唯一素材的碎片开始。认为我们直接意识到了平稳运行的世界，这是不正确的，因为在思考中，我们往往将其想象为已给定的。在我看来，这种对世界的构建是思考的第一个无意识行为；自我意识哲学的首要任务是解释这一行为是如何完成的。

对于这个问题，大致有两种相互矛盾的解释。一种解释是将世界视为假设，另一种解释是将其视为演绎，但这种演绎不是通过一系列推理而进行的演绎，而是通过一系列定义而进行的演绎，这种演绎实际上将思维提升到了更抽象的层面，在这一层面上，逻辑观念更为复杂，它们之间的关系也更为普遍。以这种方式，零碎的有限经验支撑着我们生活在其中的思想连接的无限世界。在这一点上，我还想进一步评论：

（1）直接经验能够形成这种演绎的上层建筑，这一事实必然意味着直接经验本身具有某种一致性。因此，这个重大的事实依然存在；

（2）我不想否认这种世界是假设。客观地说，我看不出在我们目前哲学发展的初级阶段，如果没有中间公理，我们如何能够继续前进。实际上，我们已经习惯性地假定了这些公理。

我的立场是，通过细致审查，我们应该从我们有组织的知识的每一部分中排除这些假设，在这些知识中，没有这些假设是可能的。

现在，物理科学组织了我们关于各种感官释放之间关系的知识。我认为，在这一知识领域中，这些假设虽然不能完全排除，但可以用我所描述的方法减少到最低限度。

我们还应注意到，从另一个角度出发的空间关系理论将我们带回到基本空间实体的观念，即实体是由事物之间的关系构成的逻辑结构。不同之处在于，这段话是从更成熟的观点出发的，因为它隐含地假设了空间中的事物，并将空间视为它们之间某些关系的表达。将这段话与前面的内容结合起来，我们就会看到，所建议的方法程序是，首先要根据经验的材料来定义“事物”，然后再根据事物之间的关系来定义空间。

我要强调的是，**我们关于物质世界的唯一确切材料是我们的感性知觉。**[①] 我们一定不能陷入这样的谬误，即假设我们是在把一个给定的世界与关于它的给定的知觉进行比较。物理世界，根据该术语的某种一般意义来看，乃是一个推导出来的概念。

实际上，我们的问题在于使世界符合我们的知觉，而不是使我们的知觉符合世界。[②]

---

① 黑体字系译者所加。

② 译者注：这句话的意思是，怀特海认为，现代哲学所存在的问题是让世界符合我们的知觉，这是典型的唯心主义观点。怀特海坚持的主张则是，我们的知觉要符合客观世界。客观世界是怎么样的，我们就要按照其本来面目去知觉它。这里，怀特海坚持的是列宁所说的从物到感觉和思想的唯物主义反映论路线，反对的是从感觉和思想到物的唯心主义先验论路线。

# 后　记

在当下中国出版资源十分紧俏的局势下，《怀特海全集》能够在中央编译出版社顺利付梓，实乃一大幸事。在此，我由衷地感激中央编译出版社郗卫东社长与张远航副社长的慷慨应允与鼎力支持。正是他们那高瞻远瞩的视野以及对学术出版事业的满腔热忱，才使得这套《全集》得以问世，为广大读者呈上一场丰盛的学术盛宴。

同时，我要特别致谢北京师范大学全球化与文化发展研究院院长薛晓源教授的热情举荐。薛教授以其独到的眼光和积极的推动，让这一出版项目得以顺利推进。此外，责任编辑李媛媛与王岗为编辑本套全集付出了艰辛的努力，他们那敬业的精神与专业的素养，着实令人钦佩。在编辑过程中，他们严谨细致，对每一个细节都精益求精，为全集的高质量出版保驾护航。尤其是王岗同志在编辑本书及《全集》的其他著作时，不仅对文字内容严格把关，对排版、校对等各个环节都一丝不苟，确保了书籍的高质量出版。

我还要特别感谢北师香港浸会大学高等研究院怀特海研究中心的大力支持。该中心为《全集》的出版提供了丰富的学术资源与经费支持，使得我们能够更好地展现怀特海的学术思想。

《教育的目的》乃英国哲学家、数学家和教育理论家阿尔弗雷德·诺思·怀特海于1929年发表的经典著作，其核心思想对东西方教育界产生了深远影响。学术界普遍认为，怀特海这部著作的主要贡献如下：

其一，对教育的本质进行了重新定义。怀特海提出“教育的核心是激发和引导学生的自我发展”，反对将学生视为被动的知识接受器。他强调“成功的教育所传授的知识必有创新”，批判“呆滞思想”对智力的束缚，主张通过文化修养与专业知识的融合，培养兼具深度与广度的人才。这一观点与当代教育界倡导的“素质教育”“全人教育”和“博雅教育”理念高度契合，甚至可以说，怀特海的教育思想正可作为当代素质教育、全人教育和博雅教育理念的核心理念和教育哲学思想基础。

其二，提出了教育的节奏学说。怀特海明确地提出了“教育三阶段论”，将智力发展划分为浪漫阶段（探索未知）、精确阶段（系统学习）、综合阶段（实践应用），并指出这三个阶段循环往复贯穿终身。这一理论被我国学者石中英教授评价为“揭示了人类精神发育的深层规律”，为跨学科学习、大中小学衔接提供了理论依据。

其三，对传统教育体制进行了深刻批判。怀特海尖锐地批评了英国当时刻板的考试制度与学科割裂现象，主张学校应自主设计课程并赋予教师课程开发权。他反对以发表论文或出版专著的数量来评价大学教师的做法，这对今天我们反思和摒弃所谓“唯专著或论文”论的错误做法具有重要意义；他提出“大学应成为连接学术热情与生命追求的桥梁”，这一观点对现代大学通识教育改革具有重要启示。

与国内现有的此书汉语译本版本相比，早期的译本聚焦怀特海教育思想的思想启蒙阶段，主要有徐汝舟的译本（三联书店 2014 年版），其以严谨的学术翻译著称，完整保留了怀特海对“古典文化教育”“技术教育”等专题的论述，适合专业研究者深度、研读；庄莲平、王立中译本（文汇出版社 2012 年版）通过中英文对照注释降低读者阅读门槛，该版本的译者前言强调“本书关乎所有人命运”，推动其成为教育工作者必读书目。略显遗憾的是，这些版本都是节译本，未能将怀特海原文的全部内容翻译。

由严中慧翻译的，华东师范大学出版社出版的《教育的目的》（全译本）在内容完整性和注释深度上具有显著优势，但也存在语言风格挑战和学术争议风险。全译本有助于读者全面理解怀特海的教育哲学，尤其是其关于“教育不仅是学校阶段的任务，更是贯穿一生的自我发展”的核心观点。译者通过注释补充了背景资料及对关键点的思考，例如对怀特海批评课程大纲重排的注释，指出“如果没有对教育理想的深刻认识，无论是重新调整教学大纲，或者省时、高效的设想，都是苍白无力的。”这些注释有助于中小学教师等读者深入理解怀特海的教育哲学，但可能会增加非专业读者的阅读难度。严中慧老师力求精准传达原著思想，文字流畅，适合希望深入研读怀特海教育理论的读者。然而，由于怀特海语言风格抽象且富有哲学性，部分段落可能对普通读者不够友好。同时，怀特海原著涉及哲学、数学、教育等诸多领域，语言抽象且逻辑严密，翻译过程中难以完全避免术语带来的晦涩性。例如，对“浪漫—精确—综合”教育节奏的阐释，可能需要读者反复阅读并结合注释才能完全理解。全译本完整呈现了怀特海对传统教育体制的批判，可能引发对现行教育模式的反思，但也可能因观点尖锐而面临争议。例如，怀特海对“呆滞思想”的批判及对技术教育、古典文化教育的论述，可能在不同教育理念背景下引发不同解读。该版本更侧重学术价值，可能对希望快速获取教育理念的普通读者不够友好，因此，更适合教育研究者、教师及教育专业学生。

新近的译本则注重实践导向革新，例如湖南人民出版社2023年版的译本新增百余条校注，突出“教育三阶段论”的应用价值，例如以“数学课程改革”为例说明理论落地路径；山西教育出版社2022年版的译本采用16开平装设计，通过“章节导读+核心观点提炼”形式提升可读性，特别适合中小学教师群体。

在全球化与人工智能时代，怀特海教育思想展现出新的生命力。它强调教育的公平性，其“尊重个体差异”的主张为个性化学习提供了理论支撑，如芬兰教育体系通过“现象式教学”实践怀特海理念。从跨学科融合视角看，MIT 媒体实验室将“浪漫—精确—综合”三阶段应用于人工智能伦理课程设计，验证了这一理论的普适性。此外，它提倡的终身学习理念影响深远，其所强调的“自我发展贯穿 16—30 岁黄金期”的观点，与当代“学以成人”的教育理论形成呼应。

总之，从 1929 年初版到当代多语种译介，《教育的目的》始终保持着思想穿透力。不同版本的传播轨迹，既反映了教育理念的代际演进，也印证了怀特海对“教育本质”追问的永恒价值。在知识爆炸与技术重构并行的今天，重读这部经典，恰是对教育本质的再发现。无论是教育工作者、学生家长，还是所有受教育者，适当地思考和追问“教育之目的”是什么，对我们在接受教育和从事教育工作以及终身学习方面，都是一个永恒的问题。尤其是对我们摆脱工业文明以来越来越严重的“工匠式”教育和学科崇拜等，具有极其重要的意义和启发。

本书译者陈伟功博士，毕业于中国人民大学哲学学院，具备深厚的哲学素养。他不仅在哲学领域深耕多年，还拥有丰富的教学实践经验，曾讲授语文与逻辑课程。此外，陈博士曾翻译《怀特海传》（商务印书馆出版）、《自然的概念》等多部怀特海的著作，对怀特海的哲学思想有着深刻的理解和精准的把握。

在此次翻译《教育的目的》的工作中，陈博士倾注了大量心血。他博采众长，综合吸收了以往各个版本的优点，同时以严谨的治学态度，着力克服既有版本中存在的不足，对其中的某些错讹之处进行了细致地纠正。此译本为《教育的目的》全译本，不仅完整呈现了原著内容，还对重点和难点问题进行了注释与强调，方便读者理解。

本书书名采用了通行的译法——《教育的目的》，但实际上，这部著作的内容不仅限于对教育之目的探讨，还收录了怀特海的一些其他论文。

期待这部新译本的出版，能够进一步推动国内教育界对怀特海教育思想及教育哲学思想的研究。尤其是在当下，我们正处在超越工业文明、迈向生态文明新时代的关键时期，希望此译本能为教育改革的实践提供有益的启示与借鉴。

最后，北师香港浸会大学高等研究院为《怀特海全集》的出版提供了经费支持，特此致谢。

**杨富斌**

2025 年 5 月 24 日于北京金禧璞缇西区寓所

图书在版编目（CIP）数据
教育的目的 /（英）阿尔弗雷德·诺思·怀特海著 ；陈伟功译. -- 北京 ：中央编译出版社，2025. 5.
ISBN 978-7-5117-4929-1
Ⅰ. G40-011
中国国家版本馆CIP数据核字第2025CV3802号

**教育的目的**

**责任编辑** 李媛媛 王 岗
**责任印制** 李 颖
**出版发行** 中央编译出版社
**网 址** www. cctpcm. com
**地 址** 北京市海淀区北四环西路 69 号（100080）
**电 话** （010）55627391（总编室） （010）55627307（编辑室）
（010）55627320（发行部） （010）55627377（新技术部）
**经 销** 全国新华书店
**印 刷** 佳兴达印刷（天津）有限公司
**开 本** 880 毫米×1230 毫米 1/32
**字 数** 168 千字
**印 张** 8. 75
**版 次** 2025 年 5 月第 1 版
**印 次** 2025 年 5 月第 1 次印刷
**定 价** 75. 00 元

**新浪微博**：@中央编译出版社 **微 信**：中央编译出版社（ID: cctphome）
**淘宝店铺**：中央编译出版社直销店（http://shop108367160. taobao. com）
（010）55627331

**本社常年法律顾问：北京市吴栾赵阎律师事务所律师 闫军 梁勤**
凡有印装质量问题，本社负责调换。电话：（010）55627320